JOHANN WOLFGANG GOETHE

NOVELLE

—

DAS MÄRCHEN

NACHWORT VON
ERNST VON REUSNER

PHILIPP RECLAM JUN. STUTTGART

INHALT

Universal-Bibliothek Nr. 7621
Alle Rechte vorbehalten. © Philipp Reclam jun. Stuttgart 1965
Gesetzt in Borgis Garamond-Antiqua. Printed in Germany 1979
Herstellung: Reclam Stuttgart
ISBN 3-15-007621-8

NOVELLE

Ein dichter Herbstnebel verhüllte noch in der Frühe die weiten Räume des fürstlichen Schloßhofes, als man schon mehr oder weniger durch den sich lichtenden Schleier die ganze Jägerei zu Pferde und zu Fuß durcheinander bewegt sah. Die eiligen Beschäftigungen der Nächsten ließen sich erkennen: man verlängerte, man verkürzte die Steigbügel, man reichte sich Büchse und Patrontäschchen, man schob die Dachsranzen zurecht, indes die Hunde ungeduldig am Riemen den Zurückhaltenden mit fortzuschleppen drohten. Auch hie und da gebärdete ein Pferd sich mutiger, von feuriger Natur getrieben oder von dem Sporn des Reiters angeregt, der selbst hier in der Halbhelle eine gewisse Eitelkeit, sich zu zeigen, nicht verleugnen konnte. Alle jedoch warteten auf den Fürsten, der, von seiner jungen Gemahlin Abschied nehmend, allzu lange zauderte.

Erst vor kurzer Zeit zusammen getraut, empfanden sie schon das Glück übereinstimmender Gemüter; beide waren von tätig-lebhaftem Charakter, eines nahm gern an des andern Neigungen und Bestrebungen Anteil. Des Fürsten Vater hatte noch den Zeitpunkt erlebt und genutzt, wo es deutlich wurde, daß alle Staatsglieder in gleicher Betriebsamkeit ihre Tage zubringen, in gleichem Wirken und Schaffen, jeder nach seiner Art, erst gewinnen und dann genießen sollten.

Wie sehr dieses gelungen war, ließ sich in diesen Tagen gewahr werden, als eben der Hauptmarkt sich versammelte, den man gar wohl eine Messe nennen konnte. Der Fürst hatte seine Gemahlin gestern durch das Gewimmel der aufgehäuften Waren zu Pferde geführt und sie bemerken lassen, wie gerade hier das Gebirgsland mit dem flachen Lande einen glücklichen Umtausch treffe; er wußte sie an Ort und Stelle auf die Betriebsamkeit seines Länderkreises aufmerksam zu machen.

Wenn sich nun der Fürst fast ausschließlich in diesen Tagen mit den Seinigen über diese zudringenden Gegenstände unterhielt, auch besonders mit dem Finanzminister anhaltend arbeitete, so behielt doch auch der Landjägermeister sein Recht, auf dessen Vorstellung es unmöglich war, der Versuchung zu widerstehen, an diesen günstigen Herbsttagen eine schon verschobene Jagd zu unternehmen, sich selbst und den vielen angekommenen Fremden ein eignes und seltnes Fest zu eröffnen.

Die Fürstin blieb ungern zurück; man hatte sich vorgenommen, weit in das Gebirg hineinzudringen, um die friedlichen Bewohner der dortigen Wälder durch einen unerwarteten Kriegszug zu beunruhigen.

Scheidend versäumte der Gemahl nicht, einen Spazierritt vorzuschlagen, den sie im Geleit Friedrichs, des fürstlichen Oheims, unternehmen sollte; auch lasse ich, sagte er, dir unsern Honorio, als Stall- und Hofjunker, der für alles sorgen wird; und im Gefolg dieser Worte gab er im Hinabsteigen einem wohlgebildeten jungen Mann die nötigen Aufträge, verschwand sodann bald mit Gästen und Gefolge.

Die Fürstin, die ihrem Gemahl noch in den Schloßhof hinab mit dem Schnupftuch nachgewinkt hatte, begab sich in die hintern Zimmer, welche nach dem Gebirg eine freie Aussicht ließen, die um desto schöner war, als das Schloß selbst von dem Flusse herauf in einiger Höhe stand und so vor- als hinterwärts mannigfaltige bedeutende Ansichten gewährte. Sie fand das treffliche Teleskop noch in der

Stellung, wo man es gestern abend gelassen hatte, als man, über Busch, Berg und Waldgipfel die hohen Ruinen der uralten Stammburg betrachtend, sich unterhielt, die in der Abendbeleuchtung merkwürdig hervortraten, indem alsdann die größten Licht- und Schattenmassen den deutlichsten Begriff von einem so ansehnlichen Denkmal alter Zeit verleihen konnten. Auch zeigte sich heute früh durch die annähernden Gläser recht auffallend die herbstliche Färbung jener mannigfaltigen Baumarten, die zwischen dem Gemäuer ungehindert und ungestört durch lange Jahre emporstrebten. Die schöne Dame richtete jedoch das Fernrohr etwas tiefer nach einer öden steinigen Fläche, über welche der Jagdzug weggehen mußte. Sie erharrte den Augenblick mit Geduld und betrog sich nicht: denn bei der Klarheit und Vergrößerungsfähigkeit des Instrumentes erkannten ihre glänzenden Augen deutlich den Fürsten und den Oberstallmeister; ja sie enthielt sich nicht, abermals mit dem Schnupftuche zu winken, als sie ein augenblickliches Stillhalten und Rückblicken mehr vermutete als gewahr ward.

Fürst-Oheim, Friedrich mit Namen, trat sodann, angemeldet, mit seinem Zeichner herein, der ein großes Portefeuille unter dem Arm trug. Liebe Cousine, sagte der alte rüstige Herr, hier legen wir die Ansichten der Stammburg vor, gezeichnet, um von verschiedenen Seiten anschaulich zu machen, wie der mächtige Trutz- und Schutzbau von alten Zeiten her dem Jahr und seiner Witterung sich entgegenstemmte und wie doch hie und da sein Gemäuer weichen, da und dort in wüste Ruinen zusammenstürzen mußte. Nun haben wir manches getan, um diese Wildnis zugänglicher zu machen, denn mehr bedarf es nicht, um jeden Wanderer, jeden Besuchenden in Erstaunen zu setzen, zu entzücken.

Indem nun der Fürst die einzelnen Blätter deutete, sprach er weiter: Hier, wo man, den Hohlweg durch die äußern Ringmauern heraufkommend, vor die eigentliche Burg gelangt, steigt uns ein Felsen entgegen von den festesten des ganzen Gebirgs; hierauf nun steht gemauert ein Turm, doch niemand wüßte zu sagen, wo die Natur aufhört, Kunst und Handwerk aber anfangen. Ferner sieht man seitwärts Mauern angeschlossen und Zwinger terrassenmäßig herab sich erstreckend. Doch ich sage nicht recht, denn es ist eigentlich ein Wald, der diesen uralten Gipfel umgibt; seit hundertundfünfzig Jahren hat keine Axt hier geklungen und überall sind die mächtigsten Stämme emporgewachsen; wo Ihr Euch an den Mauern andrängt, stellt sich der glatte Ahorn, die rauhe Eiche, die schlanke Fichte mit Schaft und Wurzeln entgegen; um diese müssen wir uns herumschlängeln und unsere Fußpfade verständig führen. Seht nur, wie trefflich unser Meister dies Charakteristische auf dem Papier ausgedrückt hat, wie kenntlich die verschiedenen Stamm- und Wurzelarten zwischen das Mauerwerk verflochten und die mächtigen Äste durch die Lücken durchgeschlungen sind! Es ist eine Wildnis wie keine, ein zufällig-einziges Lokal, wo die alten Spuren längst verschwundener Menschenkraft mit der ewig lebenden und fortwirkenden Natur sich in dem ernstesten Streit erblicken lassen.

Ein anderes Blatt aber vorlegend, fuhr er fort: Was sagt Ihr nun zum Schloßhofe, der, durch das Zusammenstürzen des alten Torturmes unzugänglich, seit undenklichen Jahren von niemand betreten ward? Wir suchten ihm von der Seite beizukommen, haben Mauern durchbrochen, Gewölbe gesprengt und so einen bequemen, aber geheimen Weg bereitet. Inwendig bedurft' es keines Aufräumens, hier findet sich ein flacher Felsgipfel von der Natur geplättet, aber doch haben mächtige Bäume hie und da zu wurzeln Glück und Gelegenheit gefunden; sie sind sachte, aber entschieden aufgewachsen, nun erstrecken sie ihre Äste bis in die Galerien hinein, auf denen der Ritter sonst auf und ab schritt; ja durch Türen durch und Fenster in die gewölbten Säle, aus denen wir sie nicht vertreiben wollen; sie sind eben Herr geworden und mögen's bleiben. Tiefe Blätterschichten wegräumend, haben wir den merkwürdigsten Platz geebnet, dessengleichen in der Welt vielleicht nicht wieder zu sehen ist.

Nach allem diesem aber ist es immer noch bemerkenswert und an Ort und Stelle zu beschauen, daß auf den Stufen, die in den Hauptturm hinaufführen, ein Ahorn Wurzel geschlagen und sich zu einem so tüchtigen Baume gebildet hat, daß man nur mit Not daran vorbeidringen kann, um die Zinne, der unbegrenzten Aussicht wegen, zu besteigen. Aber auch hier verweilt man bequem im Schatten, denn dieser Baum ist es, der sich über das Ganze wunderbar hoch in die Luft hebt.

Danken wir also dem wackern Künstler, der uns so löblich in verschiedenen Bildern von allem überzeugt, als wenn wir gegenwärtig wären; er hat die schönsten Stunden des Tages und der Jahrszeit dazu angewendet und sich wochenlang um diese Gegenstände herumbewegt. In dieser Ecke ist für ihn und den Wächter, den wir ihm zugegeben, eine kleine angenehme Wohnung eingerichtet. Sie sollten nicht glauben, meine Beste, welch eine schöne Aus- und Ansicht er ins Land, in Hof und Gemäuer sich dort bereitet hat. Nun aber, da alles so rein und charakteristisch umrissen ist, wird er es hier unten mit Bequemlichkeit ausführen. Wir wollen mit diesen Bildern unsern Gartensaal zieren, und niemand soll über unsere regelmäßigen Parterre, Lauben und schattigen Gänge seine Augen spielen lassen, der nicht wünschte, dort oben in dem wirklichen Anschauen des Alten und Neuen, des Starren, Unnachgiebigen, Unzerstörlichen und des Frischen, Schmiegsamen, Unwiderstehlichen seine Betrachtungen anzustellen.

Honorio trat ein und meldete, die Pferde seien vorgeführt; da sagte die Fürstin, zum Oheim gewendet: Reiten wir hinauf und lassen Sie mich in der Wirklichkeit sehen, was Sie mir hier im Bilde zeigten. Seit ich hier bin, hör ich von diesem Unternehmen und werde jetzt erst recht verlangend, mit Augen zu sehen, was mir in der Erzählung unmöglich schien und in der Nachbildung unwahrscheinlich bleibt. — Noch nicht, meine Liebe, versetzte der Fürst; was Sie hier sahen, ist, was es werden kann und wird; jetzt stockt noch manches; die Kunst muß erst vollenden, wenn sie sich vor der Natur nicht schämen soll. — Und so reiten wir wenigstens hinaufwärts, und wär' es nur bis an den Fuß; ich habe große Lust, mich heute weit in der Welt umzusehen. — Ganz nach Ihrem Willen, versetzte der Fürst. — Lassen Sie uns aber durch die Stadt reiten, fuhr die Dame fort, über den großen Marktplatz, wo eine zahllose Menge von Buden die Gestalt einer kleinen Stadt, eines Feldlagers angenommen hat. Es ist, als wären die Bedürfnisse und Beschäftigungen sämtlicher Familien des Landes umher nach außen gekehrt, in diesem Mittelpunkt versammelt, an das Tageslicht gebracht worden; denn hier sieht der aufmerksame Beobachter alles, was der Mensch leistet und bedarf; man bildet sich einen Augenblick ein, es sei kein Geld nötig, jedes Geschäft könne hier durch Tausch abgetan werden; und so ist es auch im Grunde. Seitdem der Fürst gestern mir Anlaß zu diesen Übersichten gegeben, ist es mir gar angenehm zu denken, wie hier, wo Gebirg und flaches Land aneinander grenzen, beide so deutlich aussprechen, was sie brauchen und was sie wünschen. Wie nun der Hochländer das Holz seiner Wälder in hundert Formen umzubilden weiß, das Eisen zu einem jeden Gebrauch zu vermannigfaltigen, so kommen jene drüben mit den vielfältigsten Waren ihm entgegen, an denen man den Stoff kaum unterscheiden und den Zweck oft nicht erkennen mag.

Ich weiß, versetzte der Fürst, daß mein Neffe hierauf die größte Aufmerksamkeit wendet; denn gerade zu dieser Jahrszeit kommt es hauptsächlich darauf an, daß man mehr empfange als gebe; dies zu bewirken ist am Ende die Summe des ganzen Staatshaushaltes, so wie der kleinsten häuslichen Wirtschaft. Verzeihen Sie aber, meine Beste, ich reite niemals gern durch Markt und Messe: bei jedem Schritt ist man gehindert und aufgehalten, und dann flammt mir das ungeheure Unglück wieder in die Einbildungskraft, das sich mir gleichsam in die Augen eingebrannt, als ich eine solche Güter- und Warenbreite in Feuer aufgehen sah. Ich hatte mich kaum —

Lassen Sie uns die schönen Stunden nicht versäumen, fiel ihm die Fürstin ein, da der würdige Mann sie schon einigemal mit ausführlicher Beschreibung jenes Unheils geängstigt hatte, wie er sich nämlich, auf einer großen Reise begriffen, abends im besten Wirtshause auf dem Markte, der eben von einer Hauptmesse wimmelte, höchst ermüdet zu Bette gelegt und nachts durch Geschrei und Flammen, die sich gegen seine Wohnung wälzten, gräßlich aufgeweckt worden.

Die Fürstin eilte, das Lieblingspferd zu besteigen, und führte, statt zum Hintertore bergauf, zum Vor-

dertore bergunter ihren widerwillig-bereiten Begleiter; denn wer wäre nicht gern an ihrer Seite ge-
ritten, wer wäre ihr nicht gern gefolgt. Und so war
auch Honorio von der sonst so ersehnten Jagd wil-
lig zurückgeblieben, um ihr ausschließlich dienstbar 5
zu sein.

Wie vorauszusehen, durften sie auf dem Markte
nur Schritt vor Schritt reiten; aber die schöne Lie-
benswürdige erheiterte jeden Aufenthalt durch eine
geistreiche Bemerkung. Ich wiederhole, sagte sie, 10
meine gestrige Lektion, da denn doch die Notwen-
digkeit unsere Geduld prüfen will. Und wirklich
drängte sich die ganze Menschenmasse dergestalt an
die Reitenden heran, daß sie ihren Weg nur langsam fortsetzen konnten. Das Volk schaute mit Freu- 15
den die junge Dame, und auf so viel lächelnden Ge-
sichtern zeigte sich das entschiedene Behagen, zu
sehen, daß die erste Frau im Lande auch die schönste
und anmutigste sei.

Untereinander gemischt standen Bergbewohner, 20
die zwischen Felsen, Fichten und Föhren ihre stillen
Wohnsitze hegten, Flachländer von Hügeln, Auen
und Wiesen her, Gewerbsleute der kleinen Städte
und was sich alles versammelt hatte. Nach einem
ruhigen Überblick bemerkte die Fürstin ihrem Be- 25
gleiter, wie alle diese, woher sie auch seien, mehr
Stoff als nötig zu ihren Kleidern genommen, mehr
Tuch und Leinwand, mehr Band zum Besatz. Ist es
doch, als ob die Weiber nicht brauschig und die
Männer nicht pausig genug sich gefallen könnten. 30

Wir wollen ihnen das ja lassen, versetzte der
Oheim; wo auch der Mensch seinen Überfluß hin-
wendet, ihm ist wohl dabei, am wohlsten, wenn er
sich damit schmückt und aufputzt. Die schöne Dame
winkte Beifall. 35

So waren sie nach und nach auf einen freien Platz

gelangt, der zur Vorstadt hinführte, wo am Ende vieler kleiner Buden und Kramstände ein größeres Brettergebäude in die Augen fiel, das sie kaum er-blickten, als ein ohrzerreißendes Gebrülle ihnen ent-gegentönte. Die Fütterungsstunde der dort zur Schau stehenden wilden Tiere schien herangekom-men; der Löwe ließ seine Wald- und Wüstenstimme aufs kräftigste hören, die Pferde schauderten, und man konnte der Bemerkung nicht entgehen, wie in dem friedlichen Wesen und Wirken der gebildeten Welt der König der Einöde sich so furchtbar ver-kündige. Zur Bude näher gelangt, durften sie die bunten kolossalen Gemälde nicht übersehen, die mit heftigen Farben und kräftigen Bildern jene fremden Tiere darstellten, welche der friedliche Staatsbürger zu schauen unüberwindliche Lust empfinden sollte. Der grimmig ungeheure Tiger sprang auf einen Mohren los, im Begriff ihn zu zerreißen; ein Löwe stand ernsthaft majestätisch, als wenn er keine Beute seiner würdig vor sich sähe; andere wunderliche bunte Geschöpfe verdienten neben diesen mächtigen weniger Aufmerksamkeit.

Wir wollen, sagte die Fürstin, bei unserer Rück-kehr doch absteigen und die seltenen Gäste näher betrachten. — Es ist wunderbar, versetzte der Fürst, daß der Mensch durch Schreckliches immer aufge-regt sein will. Drinnen liegt der Tiger ganz ruhig in seinem Kerker, und hier muß er grimmig auf einen Mohren losfahren, damit man glaube, dergleichen inwendig ebenfalls zu sehen; es ist an Mord und Totschlag noch nicht genug, an Brand und Unter-gang; die Bänkelsänger müssen es an jeder Ecke wie-derholen. Die guten Menschen wollen eingeschüch-tert sein, um hinterdrein erst recht zu fühlen, wie schön und löblich es sei, frei Atem zu holen.

Was denn aber auch Bängliches von solchen

11

Schreckensbildern mochte übriggeblieben sein, alles und jedes war sogleich ausgelöscht, als man, zum Tore hinausgelangt, in die heiterste Gegend eintrat. Der Weg führte zuerst am Flusse hinan, an einem zwar noch schmalen, nur leichte Kähne tragenden Wasser, das aber nach und nach als größter Strom seinen Namen behalten und ferne Länder beleben sollte. Dann ging es weiter durch wohlversorgte Frucht- und Lustgärten sachte hinaufwärts, und man sah sich nach und nach in der aufgetanen wohlbewohnten Gegend um, bis erst ein Busch, sodann ein Wäldchen die Gesellschaft aufnahm und die anmutigsten Örtlichkeiten ihren Blick begrenzten und erquickten. Ein aufwärts leitendes Wiesental, erst vor kurzem zum zweiten Male gemäht, sammetähnlich anzusehen, von einer oberwärts, lebhaft auf einmal reich entspringenden Quelle gewässert, empfing sie freundlich, und so zogen sie einem höheren freieren Standpunkt entgegen, den sie, aus dem Walde sich bewegend, nach einem lebhaften Stieg erreichten, alsdann aber vor sich noch in bedeutender Entfernung über neuen Baumgruppen das alte Schloß, den Zielpunkt ihrer Wallfahrt, als Fels- und Waldgipfel hervorragen sahen. Rückwärts aber — denn niemals gelangte man hierher, ohne sich umzukehren — erblickten sie durch zufällige Lücken der hohen Bäume das fürstliche Schloß links, von der Morgensonne beleuchtet; den wohlgebauten höhern Teil der Stadt von leichten Rauchwolken gedämpft, und so fort nach der Rechten zu die untere Stadt, den Fluß in einigen Krümmungen, mit seinen Wiesen und Mühlen; gegenüber eine weite nahrhafte Gegend.

Nachdem sie sich an dem Anblick ersättigt oder vielmehr, wie es uns bei dem Umblick auf so hoher Stelle zu geschehen pflegt, erst recht verlangend geworden nach einer weitern, weniger begrenzten Aussicht, ritten sie eine steinige breite Fläche hinan, wo ihnen die mächtige Ruine als ein grüngekrönter Gipfel entgegenstand, wenig alte Bäume tief unten um seinen Fuß; sie ritten hindurch, und so fanden sie sich gerade vor der steilsten unzugänglichsten Seite. Mächtige Felsen standen von Urzeiten her, jedem Wechsel unangetastet, fest, wohlgegründet voran, und so türmte sich's aufwärts; das dazwischen Herabgestürzte lag in mächtigen Platten und Trümmern unregelmäßig übereinander und schien dem Kühnsten jeden Angriff zu verbieten. Aber das Steile, Jähe scheint der Jugend zuzusagen; dies zu unternehmen, zu erstürmen, zu erobern ist jungen Gliedern ein Genuß. Die Fürstin bezeigte Neigung zu einem Versuch, Honorio war bei der Hand, der fürstliche Oheim, wenn schon bequemer, ließ sich's gefallen und wollte sich doch auch nicht unkräftig zeigen; die Pferde sollten am Fuß unter den Bäumen halten, und man wollte bis zu einem gewissen Punkte gelangen, wo ein vorstehender mächtiger Fels einen Flächenraum darbot, von wo man eine Aussicht hatte, die zwar schon in den Blick des Vogels überging, aber sich doch noch malerisch genug hintereinander schob.

Die Sonne, beinahe auf ihrer höchsten Stelle, verlieh die klarste Beleuchtung; das fürstliche Schloß mit seinen Teilen, Hauptgebäuden, Flügeln, Kuppeln und Türmen erschien gar stattlich; die obere Stadt in ihrer völligen Ausdehnung; auch in die untere konnte man bequem hineinsehen, ja durch das Fernrohr auf dem Markte sogar die Buden unterscheiden. Honorio war immer gewohnt, ein so förderliches Werkzeug überzuschnallen; man schaute den Fluß hinauf und hinab, diesseits das bergartig terrassenweis unterbrochene, jenseits das aufglei-

13

tende flache und in mäßigen Hügeln abwechselnde fruchtbare Land; Ortschaften unzählige; denn es war längst herkömmlich, über die Zahl zu streiten, wieviel man deren von hier oben gewahr werde.

Über die große Weite lag eine heitere Stille, wie es am Mittag zu sein pflegt, wo die Alten sagten, Pan schlafe, und alle Natur halte den Atem an, um ihn nicht aufzuwecken.

Es ist nicht das erstemal, sagte die Fürstin, daß ich auf so hoher weitumschauender Stelle die Betrachtung mache, wie doch die klare Natur so reinlich und friedlich aussieht und den Eindruck verleiht, als wenn gar nichts Widerwärtiges in der Welt sein könne; und wenn man denn wieder in die Menschenwohnung zurückkehrt, sie sei hoch oder niedrig, weit oder eng, so gibt's immer etwas zu kämpfen, zu streiten, zu schlichten und zurechtzulegen.

Honorio, der indessen durch das Sehrohr nach der Stadt geschaut hatte, rief: Seht hin! seht hin! auf dem Markte fängt es an zu brennen. Sie sahen hin und bemerkten wenigen Rauch, die Flamme dämpfte der Tag. Das Feuer greift weiter um sich! rief man, immer durch die Gläser schauend; auch wurde das Unheil den guten unbewaffneten Augen der Fürstin bemerklich; von Zeit zu Zeit erkannte man eine rote Flammenglut, der Dampf stieg empor und Fürst-Oheim sprach: Laßt uns zurückkehren, das ist nicht gut, ich fürchtete immer, das Unglück zum zweiten Male zu erleben. Als sie, herabgekommen, den Pferden wieder zugingen, sagte die Fürstin zu dem alten Herrn: Reiten Sie hinein, eilig, aber nicht ohne den Reitknecht, lassen Sie mir Honorio, wir folgen sogleich. Der Oheim fühlte das Vernünftige, ja das Notwendige dieser Worte und ritt, so eilig als der Boden erlaubte, den wüsten steinigen Hang hinunter.

14

Als die Fürstin aufsaß, sagte Honorio: Reiten Euer Durchlaucht, ich bitte, langsam! In der Stadt wie auf dem Schloß sind die Feueranstalten in bester Ordnung, man wird sich durch einen so unerwartet außerordentlichen Fall nicht irre machen lassen. Hier aber ist ein böser Boden, kleine Steine und kurzes Gras, schnelles Reiten ist unsicher, ohnehin, bis wir hineinkommen, wird das Feuer schon nieder sein. Die Fürstin glaubte nicht daran, sie sah den Rauch sich verbreiten, sie glaubte einen aufflammenden Blitz gesehen, einen Schlag gehört zu haben und nun bewegten sich in ihrer Einbildungskraft alle die Schreckbilder, welche des trefflichen Oheims wiederholte Erzählung von dem erlebten Jahrmarktsbrande leider nur zu tief eingesenkt hatte.

Fürchterlich wohl war jener Fall, überraschend und eindringlich genug, um zeitlebens eine Ahnung und Vorstellung wiederkehrenden Unglücks ängstlich zurückzulassen, als zur Nachtzeit auf dem großen budenreichen Marktraum ein plötzlicher Brand Laden auf Laden ergriffen hatte, ehe noch die in und an diesen leichten Hütten Schlafenden aus tiefen Träumen geschüttelt wurden; der Fürst selbst als ein ermüdet angelangter, erst eingeschlafener Fremder ans Fenster sprang, alles fürchterlich erleuchtet sah, Flamme nach Flamme, rechts und links sich überspringend, ihm entgegenzüngelte. Die Häuser des Marktes, vom Widerschein gerötet, schienen schon zu glühen, drohend sich jeden Augenblick zu entzünden und in Flammen aufzuschlagen; unten wütete das Element unaufhaltsam, die Bretter prasselten, die Latten knackten, Leinwand flog auf, und ihre düstern, an den Enden flammend ausgezackten Fetzen trieben in der Höhe sich umher, als wenn die bösen Geister in ihrem Elemente, um und um gestaltet, sich mutwillig tanzend verzehren und da und dort aus den Gluten wieder auftauchen wollten. Dann aber mit kreischendem Geheul rettete jeder, was zur Hand lag; Diener und Knechte mit den Herren bemühten sich, von Flammen ergriffene Ballen fortzuschleppen, von dem brennenden Gestell noch einiges wegzureißen, um es in die Kiste zu packen, die sie denn doch zuletzt den eilenden Flammen zum Raube lassen mußten. Wie mancher wünschte nur einen Augenblick Stillstand dem heranprasselnden Feuer, nach der Möglichkeit einer Besinnung sich umsehend, und er war mit aller seiner Habe schon ergriffen; an der einen Seite brannte, glühte schon, was an der andern noch in finsterer Nacht stand. Hartnäckige Charaktere, willenstarke Menschen widersetzten sich grimmig dem grimmigen Feinde und retteten manches, mit Verlust ihrer Augenbrauen und Haare. Leider nun erneuerte sich vor dem schönen Geiste der Fürstin der wüste Wirrwarr, nun schien der heitere morgendliche Gesichtskreis umnebelt, ihre Augen verdüstert, Wald und Wiese hatten einen wunderbaren bänglichen Anschein.

In das friedliche Tal einreitend, seiner labenden Kühle nicht achtend, waren sie kaum einige Schritte von der lebhaften Quelle des nahen Baches herab, als die Fürstin ganz unten im Gebüsche des Wiesentals etwas Seltsames erblickte, das sie alsobald für den Tiger erkannte; heranspringend, wie sie ihn vor kurzem gemalt gesehen, kam er entgegen; und dieses Bild zu den furchtbaren Bildern, die sie soeben beschäftigten, machte den wundersamsten Eindruck. Flieht! gnädige Frau, rief Honorio, flieht! Sie wandte das Pferd um, dem steilen Berg zu, wo sie herabgekommen waren. Der Jüngling aber, dem Untier entgegen, zog die Pistole und schoß, als er sich nahe genug glaubte; leider jedoch war gefehlt, der Tiger sprang seitwärts, das Pferd stutzte, das ergrimmte Tier aber verfolgte seinen Weg aufwärts, unmittelbar der Fürstin nach. Sie sprengte, was das Pferd vermochte, die steile steinige Strecke hinan, kaum fürchtend, daß ein zartes Geschöpf, solcher Anstrengung ungewohnt, sie nicht aushalten werde. Es übernahm sich, von der bedrängten Reiterin angeregt, stieß am kleinen Gerölle des Hanges an und wieder an und stürzte zuletzt nach heftigem Bestreben kraftlos zu Boden. Die schöne Dame, entschlossen und gewandt, verfehlte nicht, sich strack auf ihre Füße zu stellen, auch das Pferd richtete sich auf; aber der Tiger nahte schon, obgleich nicht mit heftiger Schnelle; der ungleiche Boden, die scharfen Steine schienen seinen Antrieb zu hindern, und nur daß Honorio unmittelbar hinter ihm herflog, neben ihm gemäßigt heraufritt, schien seine Kraft aufs neue anzuspornen und zu reizen. Beide Renner erreichten zugleich den Ort, wo die Fürstin am Pferde stand; der Ritter beugte sich herab, schoß und traf mit der zweiten Pistole das Ungeheuer durch den Kopf, daß es sogleich niederstürzte, und ausgestreckt in seiner Länge erst recht die Macht und Furchtbarkeit sehen ließ, von der nur noch das Körperliche übriggeblieben dalag. Honorio war vom Pferde gesprungen und kniete schon auf dem Tiere, dämpfte seine letzten Bewegungen und hielt den gezogenen Hirschfänger in der rechten Hand. Der Jüngling war schön, er war herangesprengt, wie ihn die Fürstin oft im Lanzen- und Ringelspiel gesehen hatte. Ebenso traf in der Reitbahn seine Kugel im Vorbeisprengen den Türkenkopf auf dem Pfahl, gerade unter dem Turban in die Stirne; ebenso spießte er, flüchtig heransprengend, mit dem blanken Säbel das Mohrenhaupt

17

vom Boden auf. In allen solchen Künsten war er gewandt und glücklich, hier kam beides zustatten.

Gebt ihm den Rest, sagte die Fürstin, ich fürchte, er beschädigt Euch noch mit den Krallen. — Verzeiht! erwiderte der Jüngling, er ist schon tot genug, und ich mag das Fell nicht verderben, das nächsten Winter auf Eurem Schlitten glänzen soll. — Frevelt nicht! sagte die Fürstin; alles, was von Frömmigkeit im tiefen Herzen wohnt, entfaltet sich in solchem Augenblick. — Auch ich, rief Honorio, war nie frömmer als jetzt eben, deshalb aber denk ich ans Freudigste, ich blicke dieses Fell nur an, wie es Euch zur Lust begleiten kann. — Es würde mich immer an diesen schrecklichen Augenblick erinnern, versetzte sie. — Ist es doch, erwiderte der Jüngling mit glühender Wange, ein unschuldigeres Triumphzeichen, als wenn die Waffen erschlagener Feinde vor dem Sieger her zur Schau getragen wurden. — Ich werde mich an Eure Kühnheit und Gewandtheit dabei erinnern und darf nicht hinzusetzen, daß Ihr auf meinen Dank und auf die Gnade des Fürsten lebenslänglich rechnen könnt. Aber steht auf; schon ist kein Leben mehr im Tiere, bedenken wir das Weitere, vor allen Dingen steht auf! — Da ich nun einmal knie, versetzte der Jüngling, da ich mich in einer Stellung befinde, die mir auf jede andere Weise untersagt wäre, so laßt mich bitten von der Gunst, von der Gnade, die Ihr mir zuwendet, in diesem Augenblick versichert zu werden. Ich habe schon so oft Euren hohen Gemahl gebeten um Urlaub und Vergünstigung einer weitern Reise. Wer das Glück hat, an Eurer Tafel zu sitzen, wen Ihr beehrt, Eure Gesellschaft unterhalten zu dürfen, der muß die Welt gesehen haben. Reisende strömen von allen Orten her, und wenn von einer Stadt, von einem wichtigen Punkte irgendeines Weltteils gesprochen wird, ergeht an den Eurigen jedesmal die Frage, ob er daselbst gewesen sei? Niemanden traut man Verstand zu, als wer das alles gesehen hat; es ist, als wenn man sich nur für andere zu unterrichten hätte.

Steht auf! wiederholte die Fürstin, ich möchte nicht gern gegen die Überzeugung meines Gemahls irgend etwas wünschen und bitten; allein wenn ich nicht irre, so ist die Ursache, warum er Euch bisher zurückhielt, bald gehoben. Seine Absicht war, Euch zum selbständigen Edelmann herangereift zu sehen, der sich und ihm auch auswärts Ehre machte wie bisher am Hofe, und ich dächte, Eure Tat wäre ein so empfehlender Reisepaß, als ein junger Mann nur in die Welt mitnehmen kann.

Daß anstatt einer jugendlichen Freude eine gewisse Trauer über sein Gesicht zog, hatte die Fürstin nicht Zeit zu bemerken, noch er seiner Empfindung Raum zu geben, denn hastig den Berg herauf, einen Knaben an der Hand, kam eine Frau, geradezu auf die Gruppe los, die wir kennen; und kaum war Honorio, sich besinnend, aufgestanden, als sie sich heulend und schreiend über den Leichnam her warf und an dieser Handlung sowie an einer, obgleich reinlich anständigen, doch bunten und seltsamen Kleidung sogleich erraten ließ, sie sei die Meisterin und Wärterin dieses dahingestreckten Geschöpfes, wie denn der schwarzaugige, schwarzlockige Knabe, der eine Flöte in der Hand hielt, gleich der Mutter weinend, weniger heftig, aber tief gerührt, neben ihr kniete.

Den gewaltsamen Ausbrüchen der Leidenschaft dieses unglücklichen Weibes folgte, zwar unterbrochen stoßweise, ein Strom von Worten, wie ein Bach sich in Absätzen von Felsen zu Felsen stürzt. Eine natürliche Sprache, kurz und abgebrochen, machte sich eindringlich und rührend; vergebens würde man sie in unsern Mundarten übersetzen wollen, den ungefähren Inhalt dürfen wir nicht verhehlen. Sie haben dich ermordet, armes Tier! Ermordet ohne Not! Du warst zahm und hättest dich gern ruhig niedergelassen und auf uns gewartet; denn deine Fußballen schmerzten dich, und deine Krallen hatten keine Kraft mehr! Die heiße Sonne fehlte dir, sie zu reifen. Du warst der Schönste deinesgleichen; wer hat je einen königlichen Tiger so herrlich ausgestreckt im Schlafe gesehen, wie du nun hier liegst, tot, um nicht wieder aufzustehen. Wenn du des Morgens aufwachtest beim frühen Tagschein und den Rachen aufsperrtest, ausstreckend die rote Zunge, so schienst du uns zu lächeln, und wenn schon brüllend, nahmst du doch spielend dein Futter aus den Händen einer Frau, von den Fingern eines Kindes! Wie lange begleiteten wir dich auf deinen Fahrten, wie lange war deine Gesellschaft uns wichtig und fruchtbar! Uns! Uns ganz eigentlich kam die Speise von den Fressern und süße Labung von den Starken. So wird es nicht mehr sein! Wehe, wehe!

Sie hatte nicht ausgeklagt, als über die mittlere Höhe des Bergs am Schlosse herab Reiter heransprengten, die alsobald für das Jagdgefolge des Fürsten erkannt wurden, er selbst voran. Sie hatten, in den hintern Gebirgen jagend, die Brandwolken aufsteigen sehen und durch Täler und Schluchten, wie auf gewaltsam hetzender Jagd, den geraden Weg nach diesem traurigen Zeichen genommen. Über die steinige Blöße einhersprengend stutzten und starrten sie, nun die unerwartete Gruppe gewahr werdend, die sich auf der leeren Fläche merkwürdig auszeichnete. Nach dem ersten Erkennen verstummte man, und nach einigem Erholen ward, was der Anblick nicht selbst ergab, mit wenigen Worten erläutert. So stand der Fürst vor dem seltsamen unerhörten Ereignis, einen Kreis umher von Reitern und Nacheilenden zu Fuße. Unschlüssig war man nicht, was zu tun sei; anzuordnen, auszuführen war der Fürst beschäftigt, als ein Mann sich in den Kreis drängte, groß von Gestalt, bunt und wunderlich gekleidet wie Frau und Kind. Und nun gab die Familie zusammen Schmerz und Überraschung zu erkennen. Der Mann aber, gefaßt, stand in ehrfurchtsvoller Entfernung vor dem Fürsten und sagte: Es ist nicht Klagenszeit; ach, mein Herr und mächtiger Jäger, auch der Löwe ist los, auch hier nach dem Gebirg ist er hin, aber schont ihn, habt Barmherzigkeit, daß er nicht umkomme wie dies gute Tier.

Der Löwe? sagte der Fürst, hast du seine Spur? — Ja Herr! Ein Bauer dort unten, der sich ohne Not auf einen Baum gerettet hatte, wies mich weiter hier links hinauf, aber ich sah den großen Trupp Menschen und Pferde vor mir, neugierig und hülfsbedürftig eilt' ich hierher. — Also, beorderte der Fürst, muß die Jagd sich auf diese Seite ziehen; ihr ladet eure Gewehre, geht sachte zu Werk, es ist kein Unglück, wenn ihr ihn in die tiefen Wälder treibt; aber am Ende, guter Mann, werden wir Euer Geschöpf nicht schonen können; warum wart Ihr unvorsichtig genug, sie entkommen zu lassen? — Das Feuer brach aus, versetzte jener, wir hielten uns still und gespannt, es verbreitete sich schnell, aber fern von uns, wir hatten Wasser genug zu unserer Verteidigung, aber ein Pulverschlag flog auf und warf die Brände bis an uns heran, über uns weg; wir übereilten uns und sind nun unglückliche Leute.

Noch war der Fürst mit Anordnungen beschäftigt, aber einen Augenblick schien alles zu stocken, als oben vom alten Schloß herab eilig ein Mann heranspringend gesehen ward, den man bald für den angestellten Wächter erkannte, der die Werkstätte des Malers bewachte, indem er darin seine Wohnung nahm und die Arbeiter beaufsichtigte. Er kam außer Atem springend, doch hatte er bald mit wenigen Worten angezeigt: oben hinter der höhern Ringmauer habe sich der Löwe im Sonnenschein gelagert, am Fuße einer hundertjährigen Buche, und verhalte sich ganz ruhig. Ärgerlich aber schloß der Mann: Warum habe ich gestern meine Büchse in die Stadt getragen, um sie ausputzen zu lassen! Hätte ich sie bei der Hand gehabt, er wäre nicht wieder aufgestanden, das Fell wäre doch mein gewesen, und ich hätte mich dessen, wie billig, zeitlebens gebrüstet.

Der Fürst, dem seine militärischen Erfahrungen auch hier zustatten kamen, da er sich wohl schon in Fällen gefunden hatte, wo von mehreren Seiten unvermeidliches Übel herandrohte, sagte hierauf: Welche Bürgschaft gebt Ihr mir, daß, wenn wir Eures Löwen schonen, er nicht im Lande unter den Meinigen Verderben anrichtet?

Hier diese Frau und dieses Kind, erwiderte der Vater hastig, erbieten sich, ihn zu zähmen, ihn ruhig zu erhalten, bis ich den beschlagenen Kasten heraufschaffe, da wir ihn denn unschädlich und unbeschädigt wieder zurückbringen werden.

Der Knabe schien seine Flöte versuchen zu wollen, ein Instrument von der Art, das man sonst die sanfte süße Flöte zu nennen pflegte; sie war kurz geschnäbelt wie die Pfeifen; wer es verstand, wußte die anmutigsten Töne daraus hervorzulocken. Indes hatte der Fürst den Wärtel gefragt, wie der Löwe hinaufgekommen. Dieser aber versetzte: Durch den Hohlweg, der, auf beiden Seiten vermauert, von jeher der einzige Zugang war und der einzige bleiben soll; zwei Fußpfade, die noch hinaufführten, haben wir dergestalt entstellt, daß niemand als durch jenen ersten engen Anweg zu dem Zauberschlosse gelangen könne, wozu es Fürst Friedrichs Geist und Geschmack ausbilden will.

Nach einigem Nachdenken, wobei sich der Fürst nach dem Kinde umsah, das immer sanft gleichsam zu präludieren fortgefahren hatte, wendete er sich zu Honorio und sagte: Du hast heute viel geleistet, vollende das Tagwerk. Besetze den schmalen Weg, halte eure Büchsen bereit, aber schießt nicht eher, als bis ihr das Geschöpf nicht sonst zurückscheuchen könnt; allenfalls macht ein Feuer an, vor dem er sich fürchtet, wenn er herunter will. Mann und Frau möge für das übrige stehen. Eilig schickte Honorio sich an, die Befehle zu vollführen.

Das Kind verfolgte seine Melodie, die keine war, eine Tonfolge ohne Gesetz, und vielleicht eben deswegen so herzergreifend; die Umstehenden schienen wie bezaubert von der Bewegung einer liederartigen Weise, als der Vater mit anständigem Enthusiasmus zu reden anfing und fortfuhr:

Gott hat dem Fürsten Weisheit gegeben und zugleich die Erkenntnis, daß alle Gotteswerke weise sind, jedes nach seiner Art. Seht den Felsen, wie er fest steht und sich nicht rührt, der Witterung trotzt und dem Sonnenschein; uralte Bäume zieren sein Haupt, und so gekrönt schaut er weit umher; stürzt aber ein Teil herunter, so will es nicht bleiben, was es war, es fällt zertrümmert in viele Stücke und bedeckt die Seite des Hanges. Aber auch da wollen sie nicht verharren, mutwillig springen sie tief hinab, der Bach nimmt sie auf, zum Flusse trägt er sie. Nicht widerstehend, nicht widerspenstig, eckig, nein, glatt und abgerundet gewinnen sie schneller ihren Weg und gelangen von Fluß zu Fluß, endlich zum Ozean, wo die Riesen in Scharen daherziehen und in der Tiefe die Zwerge wimmeln.

Doch wer preist den Ruhm des Herrn, den die Sterne loben von Ewigkeit zu Ewigkeit! Warum seht ihr aber im Fernen umher? Betrachtet hier die Biene! Noch spät im Herbst sammelt sie emsig und baut sich ein Haus, winkel- und waagerecht, als Meister und Geselle; schaut die Ameise da! Sie kennt ihren Weg und verliert ihn nicht, sie baut sich eine Wohnung aus Grashalmen, Erdbröslein und Kiefernadeln, sie baut es in die Höhe und wölbet es zu; aber sie hat umsonst gearbeitet, denn das Pferd stampft und scharrt alles auseinander; seht hin! Es zertritt ihre Balken und zerstreut ihre Planken, ungeduldig schnaubt es und kann nicht rasten; denn der Herr hat das Roß zum Gesellen des Windes gemacht und zum Gefährten des Sturms, daß es den Mann dahin trage, wohin er will, und die Frau, wohin sie begehrt. Aber im Palmenwald trat er auf, der Löwe, ernsten Schrittes durchzog er die Wüste, dort herrscht er über alles Getier und nichts widersteht ihm. Doch der Mensch weiß ihn zu zähmen, und das grausamste der Geschöpfe hat Ehrfurcht vor dem Ebenbilde Gottes, wornach auch die Engel gemacht sind, die dem Herrn dienen und seinen Dienern. Denn in der Löwengrube scheute sich Daniel nicht; er blieb fest und getrost, und das wilde Brüllen unterbrach nicht seinen frommen Gesang.

Diese mit dem Ausdruck eines natürlichen Enthusiasmus gehaltene Rede begleitete das Kind hie und da mit anmutigen Tönen; als aber der Vater geendigt hatte, fing es mit reiner Kehle, heller Stimme und geschickten Läufen zu intonieren an, worauf der Vater die Flöte ergriff, im Einklang sich hören ließ, das Kind aber sang:

Aus den Gruben, hier im Graben
Hör ich des Propheten Sang;
Engel schweben, ihn zu laben,
Wäre da dem Guten bang?
5 Löw' und Löwin, hin und wieder,
Schmiegen sich um ihn heran;
Ja, die sanften frommen Lieder
Haben's ihnen angetan!

Der Vater fuhr fort, die Strophe mit der Flöte zu
10 begleiten, die Mutter trat hie und da als zweite
Stimme mit ein.

Eindringlich aber ganz besonders war, daß das
Kind die Zeilen der Strophe nunmehr zu anderer
Ordnung durcheinander schob und dadurch, wo
15 nicht einen neuen Sinn hervorbrachte, doch das Gefühl in und durch sich selbst aufregend erhöhte.

Engel schweben auf und nieder
Uns in Tönen zu erlaben,
Welch ein himmlischer Gesang!
20 In den Gruben, in dem Graben
Wäre da dem Kinde bang?
Diese sanften frommen Lieder
Lassen Unglück nicht heran:
Engel schweben hin und wider
25 Und so ist es schon getan.

Hierauf mit Kraft und Erhebung begannen alle
drei:

Denn der Ew'ge herrscht auf Erden,
Über Meere herrscht sein Blick;
30 Löwen sollen Lämmer werden,
Und die Welle schwankt zurück;
Blankes Schwert erstarrt im Hiebe;
Glaub' und Hoffnung sind erfüllt;
Wundertätig ist die Liebe,
35 Die sich im Gebet enthüllt.

Alles war still, hörte, horchte und nur erst als die Töne verhallten, konnte man den Eindruck bemerken und allenfalls beobachten. Alles war wie beschwichtigt; jeder in seiner Art gerührt. Der Fürst, als wenn er erst jetzt das Unheil übersähe, das ihn vor kurzem bedroht hatte, blickte nieder auf seine Gemahlin, die, an ihn gelehnt, sich nicht versagte, das gestickte Tüchlein hervorzuziehen und die Augen damit zu bedecken. Es tat ihr wohl, die jugendliche Brust von dem Druck erleichtert zu fühlen, mit dem die vorhergehenden Minuten sie belastet hatten. Eine vollkommene Stille beherrschte die Menge, man schien die Gefahren vergessen zu haben, unten den Brand und von oben das Erstehen eines bedenklich ruhenden Löwen.

Durch einen Wink, die Pferde näher herbei zu führen, brachte der Fürst zuerst wieder in die Gruppe Bewegung, dann wendete er sich zu dem Weibe und sagte: Ihr glaubt also, daß Ihr den entsprungenen Löwen, wo Ihr ihn antrefft, durch Euren Gesang, durch den Gesang dieses Kindes, mit Hülfe dieser Flötentöne beschwichtigen und ihn sodann unschädlich sowie unbeschädigt in seinem Verschluß wieder zurückbringen könntet? Sie bejahten es, versichernd und beteuernd; der Kastellan wurde ihnen als Wegweiser zugegeben. Nun entfernte der Fürst mit wenigen sich eiligst, die Fürstin folgte langsamer mit dem übrigen Gefolge; Mutter aber und Sohn stiegen, von dem Wärtel, der sich eines Gewehrs bemächtigt hatte, begleitet, steiler gegen den Berg hinan.

Vor dem Eintritt in den Hohlweg, der den Zugang zu dem Schloß eröffnete, fanden sie die Jäger beschäftigt, dürres Reisig zu häufen, damit sie auf jeden Fall ein großes Feuer anzünden könnten. — Es ist nicht not, sagte die Frau, es wird ohne das alles in Güte geschehen.

Weiter hin, auf einem Mauerstücke sitzend, erblickten sie Honorio, seine Doppelbüchse in den Schoß gelegt, auf einem Posten als wie zu jedem Ereignis gefaßt. Aber die Herankommenden schien er kaum zu bemerken, er saß wie in tiefen Gedanken versunken, er sah umher wie zerstreut. Die Frau sprach ihn an mit Bitte, das Feuer nicht anzünden zu lassen, er schien jedoch ihrer Rede wenig Aufmerksamkeit zu schenken; sie redete lebhaft fort und rief: Schöner junger Mann, du hast meinen Tiger erschlagen, ich fluche dir nicht, schone meinen Löwen, guter junger Mann, ich segne dich.

Honorio schaute gerad vor sich hin, dorthin, wo die Sonne auf ihrer Bahn sich zu senken begann. — Du schaust nach Abend, rief die Frau, du tust wohl daran, dort gibt's viel zu tun; eile nur, säume nicht, du wirst überwinden. Aber zuerst überwinde dich selbst. Hierauf schien er zu lächeln, die Frau stieg weiter, konnte sich aber nicht enthalten, nach dem Zurückbleibenden nochmals umzublicken; eine rötliche Sonne überschien sein Gesicht, sie glaubte nie einen schönern Jüngling gesehen zu haben.

Wenn Euer Kind, sagte nunmehr der Wärtel, flötend und singend, wie Ihr überzeugt seid, den Löwen anlocken und beruhigen kann, so werden wir uns desselben sehr leicht bemeistern, da sich das gewaltige Tier ganz nah an die durchbrochenen Gewölbe hingelagert hat, durch die wir, da das Haupttor verschüttet ist, einen Eingang in den Schloßhof gewonnen haben. Lockt ihn das Kind hinein, so kann ich die Öffnung mit leichter Mühe schließen und der Knabe, wenn es ihm gut deucht, durch eine der kleinen Wendeltreppen, die er in der Ecke sieht, dem Tiere entschlüpfen. Wir wollen uns verbergen, aber ich werde mich so stellen, daß meine Kugel jeden Augenblick dem Kinde zu Hülfe kommen kann.

Die Umstände sind alle nicht nötig, Gott und Kunst, Frömmigkeit und Glück müssen das Beste tun. — Es sei, versetzte der Wärtel, aber ich kenne meine Pflichten. Erst führ ich euch durch einen beschwerlichen Stieg auf das Gemäuer hinauf, gerade dem Eingang gegenüber, den ich erwähnt habe; das Kind mag hinabsteigen, gleichsam in die Arena des Schauspiels, und das besänftigte Tier dort hereinlocken. Das geschah; Wärtel und Mutter sahen versteckt von oben herab, wie das Kind die Wendeltreppen hinunter in dem klaren Hofraum sich zeigte und in der düstern Öffnung gegenüber verschwand, aber sogleich seinen Flötenton hören ließ, der sich nach und nach verlor und endlich verstummte. Die Pause war ahnungsvoll genug, den alten, mit Gefahr bekannten Jäger beengte der seltene menschliche Fall. Er sagte sich, daß er lieber persönlich dem gefährlichen Tiere entgegenginge; die Mutter jedoch, mit heiterem Gesicht, übergebogen horchend, ließ nicht die mindeste Unruhe bemerken.

Endlich hörte man die Flöte wieder, das Kind trat aus der Höhle hervor mit glänzend befriedigten Augen, der Löwe hinter ihm drein, aber langsam und, wie es schien, mit einiger Beschwerde. Er zeigte hie und da Lust, sich niederzulegen, doch der Knabe führte ihn im Halbkreise durch die wenig entblätterten, buntbelaubten Bäume, bis er sich endlich in den letzten Strahlen der Sonne, die sie durch eine Ruinenlücke hereinsandte, wie verklärt niedersetzte und sein beschwichtigendes Lied abermals begann, dessen Wiederholung wir uns auch nicht entziehen können.

Aus den Gruben, hier im Graben
Hör ich des Propheten Sang;
Engel schweben, ihn zu laben,

> Wäre da dem Guten bang?
> Löw' und Löwin, hin und wieder,
> Schmiegen sich um ihn heran;
> Ja, die sanften frommen Lieder
> 5   Haben's ihnen angetan!

Indessen hatte sich der Löwe ganz knapp an das Kind hingelegt und ihm die schwere rechte Vordertatze auf den Schoß gehoben, die der Knabe fortsingend anmutig streichelte, aber gar bald bemerkte, 10 daß ein scharfer Dornzweig zwischen die Ballen eingestochen war. Sorgfältig zog er die verletzende Spitze hervor, nahm lächelnd sein buntseidenes Halstuch vom Nacken und verband die greuliche Tatze des Untiers, so daß die Mutter sich vor Freu- 15 den mit ausgestreckten Armen zurückbog und vielleicht angewohnterweise Beifall gerufen und geklatscht hätte, wäre sie nicht durch einen derben Faustgriff des Wärtels erinnert worden, daß die Gefahr nicht vorüber sei.

20   Glorreich sang das Kind weiter, nachdem es mit wenigen Tönen vorgespielt hatte:

> Denn der Ew'ge herrscht auf Erden,
> Über Meere herrscht sein Blick;
> Löwen sollen Lämmer werden,
> 25   Und die Welle schwankt zurück;
> Blankes Schwert erstarrt im Hiebe;
> Glaub' und Hoffnung sind erfüllt;
> Wundertätig ist die Liebe,
> Die sich im Gebet enthüllt.

30   Ist es möglich zu denken, daß man in den Zügen eines so grimmigen Geschöpfes, des Tyrannen der Wälder, des Despoten des Tierreiches, einen Ausdruck von Freundlichkeit, von dankbarer Zufriedenheit habe spüren können, so geschah es hier, und 35 wirklich sah das Kind in seiner Verklärung aus wie

29

ein mächtiger siegreicher Überwinder, jener zwar
nicht wie der Überwundene, denn seine Kraft blieb
in ihm verborgen, aber doch wie der Gezähmte,
wie der dem eigenen friedlichen Willen Anheim-
gegebene. Das Kind flötete und sang so weiter, nach 5
seiner Art die Zeilen verschränkend und neue hin-
zufügend:

> Und so geht mit guten Kindern
> Sel'ger Engel gern zu Rat,
> Böses Wollen zu verhindern, 10
> Zu befördern schöne Tat.
> So beschwören, fest zu bannen
> Liebem Sohn ans zarte Knie
> Ihn, des Waldes Hochtyrannen,
> Frommer Sinn und Melodie. 15

DAS MÄRCHEN

An dem großen Flusse, der eben von einem starken
Regen geschwollen und übergetreten war, lag in
seiner kleinen Hütte, müde von der Anstrengung
des Tages, der alte Fährmann und schlief. Mitten in
der Nacht weckten ihn einige laute Stimmen; er
hörte, daß Reisende übergesetzt sein wollten.

Als er vor die Tür hinaustrat, sah er zwei große
Irrlichter über dem angebundenen Kahne schweben,
die ihm versicherten, daß sie große Eile hätten und
schon an jenem Ufer zu sein wünschten. Der Alte
säumte nicht, stieß ab und fuhr, mit seiner gewöhn-
lichen Geschicklichkeit, quer über den Strom, indes
die Fremden in einer unbekannten, sehr behenden
Sprache gegeneinander zischten und mitunter in ein
lautes Gelächter ausbrachen, indem sie bald auf den
Rändern und Bänken, bald auf dem Boden des
Kahns hin und wider hüpften.

Der Kahn schwankt! rief der Alte, und wenn ihr
so unruhig seid, kann er umschlagen; setzt euch, ihr
Lichter!

Sie brachen über diese Zumutung in ein großes
Gelächter aus, verspotteten den Alten und waren
noch unruhiger als vorher. Er trug ihre Unarten mit
Geduld und stieß bald am jenseitigen Ufer an.

Hier ist für Eure Mühe! riefen die Reisenden, und
es fielen, indem sie sich schüttelten, viele glänzende
Goldstücke in den feuchten Kahn. — Ums Himmels
willen, was macht ihr! rief der Alte, ihr bringt mich
ins größte Unglück! Wäre ein Goldstück ins Wasser
gefallen, so würde der Strom, der dies Metall nicht
leiden kann, sich in entsetzliche Wellen erhoben, das

31

Schiff und mich verschlungen haben, und wer weiß, wie es euch gegangen sein würde; nehmt euer Geld wieder zu euch!

Wir können nichts wieder zu uns nehmen, was wir abgeschüttelt haben, versetzten jene.

So macht ihr mir noch die Mühe, sagte der Alte, indem er sich bückte und die Goldstücke in seine Mütze las, daß ich sie zusammensuchen, ans Land tragen und vergraben muß.

Die Irrlichter waren aus dem Kahne gesprungen, und der Alte rief: Wo bleibt nun mein Lohn?

Wer kein Gold nimmt, mag umsonst arbeiten! riefen die Irrlichter. — Ihr müßt wissen, daß man mich nur mit Früchten der Erde bezahlen kann. — Mit Früchten der Erde? Wir verschmähen sie und haben sie nie genossen. — Und doch kann ich euch nicht loslassen, bis ihr mir versprecht, daß ihr mir drei Kohlhäupter, drei Artischocken und drei große Zwiebeln liefert.

Die Irrlichter wollten scherzend davonschlüpfen; allein sie fühlten sich auf eine unbegreifliche Weise an den Boden gefesselt; es war die unangenehmste Empfindung, die sie jemals gehabt hatten. Sie versprachen seine Forderung nächstens zu befriedigen; er entließ sie und stieß ab. Er war schon weit hinweg, als sie ihm nachriefen: Alter! hört, Alter! wir haben das Wichtigste vergessen! Er war fort und hörte sie nicht. Er hatte sich an derselben Seite den Fluß hinabtreiben lassen, wo er in einer gebirgigen Gegend, die das Wasser niemals erreichen konnte, das gefährliche Gold verscharren wollte. Dort fand er zwischen hohen Felsen eine ungeheure Kluft, schüttete es hinein und fuhr nach seiner Hütte zurück.

In dieser Kluft befand sich die schöne grüne Schlange, die durch die herabklingende Münze aus

32

ihrem Schlafe geweckt wurde. Sie ersah kaum die leuchtenden Scheiben, als sie solche auf der Stelle mit großer Begierde verschlang und alle Stücke, die sich in dem Gebüsch und zwischen den Felsritzen zerstreut hatten, sorgfältig aufsuchte.

Kaum waren sie verschlungen, so fühlte sie mit der angenehmsten Empfindung das Gold in ihren Eingeweiden schmelzen und sich durch ihren ganzen Körper ausbreiten, und zur größten Freude bemerkte sie, daß sie durchsichtig und leuchtend geworden war. Lange hatte man ihr schon versichert, daß diese Erscheinung möglich sei; weil sie aber zweifelhaft war, ob dieses Licht lange dauern könne, so trieb sie die Neugierde und der Wunsch, sich für die Zukunft sicherzustellen, aus dem Felsen heraus, um zu untersuchen, wer das schöne Gold hereingestreut haben könnte. Sie fand niemanden. Desto angenehmer war es ihr, sich selbst, da sie zwischen Kräutern und Gesträuchen hinkroch, und ihr anmutiges Licht, das sie durch das frische Grün verbreitete, zu bewundern. Alle Blätter schienen von Smaragd, alle Blumen auf das herrlichste verklärt. Vergebens durchstrich sie die einsame Wildnis; desto mehr aber wuchs ihre Hoffnung, als sie auf die Fläche kam und von weitem einen Glanz, der dem ihrigen ähnlich war, erblickte. Find ich doch endlich meinesgleichen! rief sie aus und eilte nach der Gegend zu. Sie achtete nicht die Beschwerlichkeit, durch Sumpf und Rohr zu kriechen; denn ob sie gleich auf trocknen Bergwiesen, in hohen Felsritzen am liebsten lebte, gewürzhafte Kräuter gerne genoß und mit zartem Tau und frischem Quellwasser ihren Durst gewöhnlich stillte, so hätte sie doch des lieben Goldes willen und in Hoffnung des herrlichen Lichtes alles unternommen, was man ihr auferlegte.

Sehr ermüdet gelangte sie endlich zu einem feuchten Ried, wo unsere beiden Irrlichter hin und wider spielten. Sie schoß auf sie los, begrüßte sie und freute sich, so angenehme Herren, von ihrer Verwandtschaft zu finden. Die Lichter strichen an ihr her, hüpften über sie weg und lachten nach ihrer Weise. Frau Muhme, sagten sie, wenn Sie schon von der horizontalen Linie sind, so hat das doch nichts zu bedeuten; freilich sind wir nur von seiten des Scheins verwandt, denn sehen Sie nur (hier machten beide Flammen, indem sie ihre ganze Breite aufopferten, sich so lang und spitz als möglich), wie schön uns Herren von der vertikalen Linie diese schlanke Länge kleidet; nehmen Sie's uns nicht übel, meine Freundin, welche Familie kann sich des rühmen? Solang es Irrlichter gibt, hat noch keins weder gesessen noch gelegen.

Die Schlange fühlte sich in der Gegenwart dieser Verwandten sehr unbehaglich, denn sie mochte den Kopf so hoch heben als sie wollte, so fühlte sie doch, daß sie ihn wieder zur Erde biegen mußte, um von der Stelle zu kommen, und hatte sie sich vorher im dunkeln Hain außerordentlich wohlgefallen, so schien ihr Glanz in Gegenwart dieser Vettern sich jeden Augenblick zu vermindern, ja sie fürchtete, daß er endlich gar verlöschen werde.

In dieser Verlegenheit fragte sie eilig, ob die Herren ihr nicht etwa Nachricht geben könnten, wo das glänzende Gold herkomme, das vor kurzem in die Felskluft gefallen sei; sie vermute, es sei ein Goldregen, der unmittelbar vom Himmel träufle. Die Irrlichter lachten und schüttelten sich, und es sprangen eine große Menge Goldstücke um sie herum. Die Schlange fuhr schnell darnach, sie zu verschlingen. Laßt es Euch schmecken, Frau Muhme, sagten die artigen Herren, wir können noch mit mehr aufwarten. Sie schüttelten sich noch einige Male mit großer

Behendigkeit, so daß die Schlange kaum die kostbare Speise schnell genug hinunterbringen konnte. Sichtlich fing ihr Schein an zu wachsen, und sie leuchtete wirklich aufs herrlichste, indes die Irrlichter ziemlich mager und klein geworden waren, ohne jedoch von ihrer guten Laune das mindeste zu verlieren.

Ich bin euch auf ewig verbunden, sagte die Schlange, nachdem sie von ihrer Mahlzeit wieder zu Atem gekommen war, fordert von mir, was ihr wollt; was in meinen Kräften ist, will ich euch leisten.

Recht schön! riefen die Irrlichter, sage, wo wohnt die schöne Lilie? Führ uns so schnell als möglich zum Palaste und Garten der schönen Lilie, wir sterben vor Ungeduld, uns ihr zu Füßen zu werfen.

Diesen Dienst, versetzte die Schlange mit einem tiefen Seufzer, kann ich euch sogleich nicht leisten. Die schöne Lilie wohnt leider jenseit des Wassers. — Jenseit des Wassers! Und wir lassen uns in dieser stürmischen Nacht übersetzen! Wie grausam ist der Fluß, der uns nun scheidet! Sollte es nicht möglich sein, den Alten wieder zu errufen?

Sie würden sich vergebens bemühen, versetzte die Schlange, denn wenn Sie ihn auch selbst an dem diesseitigen Ufer anträfen, so würde er Sie nicht einnehmen; er darf jedermann herüber, niemand hinüber bringen. — Da haben wir uns schön gebettet! Gibt es denn kein ander Mittel, über das Wasser zu kommen? — Noch einige, nur nicht in diesem Augenblick. Ich selbst kann die Herren übersetzen, aber erst in der Mittagsstunde. — Das ist eine Zeit, in der wir nicht gerne reisen. — So können Sie abends auf dem Schatten des Riesen hinüberfahren. — Wie geht das zu? — Der große Riese, der nicht weit von hier wohnt, vermag mit seinem Körper nichts; seine Hände heben keinen Strohhalm, seine Schultern würden kein Reisbündel tragen; aber sein Schatten vermag viel, ja alles. Deswegen ist er beim Aufgang und Untergang der Sonne am mächtigsten, und so darf man sich abends nur auf den Nacken seines Schattens setzen, der Riese geht alsdann sachte gegen das Ufer zu und der Schatten bringt den Wanderer über das Wasser hinüber. Wollen Sie aber um Mittagszeit sich an jener Waldecke einfinden, wo das Gebüsch dicht ans Ufer stößt, so kann ich Sie übersetzen und der schönen Lilie vorstellen; scheuen Sie hingegen die Mittagshitze, so dürfen Sie nur gegen Abend in jener Felsenbucht den Riesen aufsuchen, der sich gewiß recht gefällig zeigen wird.

Mit einer leichten Verbeugung entfernten sich die jungen Herren, und die Schlange war zufrieden, von ihnen loszukommen, teils um sich in ihrem eignen Lichte zu erfreuen, teils eine Neugierde zu befriedigen, von der sie schon lange auf eine sonderbare Weise gequält ward.

In den Felsklüften, in denen sie oft hin und wider kroch, hatte sie an einem Orte eine seltsame Entdeckung gemacht. Denn ob sie gleich durch diese Abgründe ohne ein Licht zu kriechen genötiget war, so konnte sie doch durchs Gefühl die Gegenstände recht wohl unterscheiden. Nur unregelmäßige Naturprodukte war sie gewohnt überall zu finden; bald schlang sie sich zwischen den Zacken großer Kristalle hindurch, bald fühlte sie die Haken und Haare des gediegenen Silbers und brachte ein und den andern Edelstein mit sich ans Licht hervor. Doch hatte sie zu ihrer großen Verwunderung in einem ringsum verschlossenen Felsen Gegenstände gefühlt, welche die bildende Hand des Menschen verrieten. Glatte Wände, an denen sie nicht aufsteigen konnte, scharfe regelmäßige Kanten, wohlgebildete Säulen und, was ihr am sonderbarsten vorkam, menschliche Figuren, um die sie sich mehrmals geschlungen hatte, und die sie für Erz oder äußerst polierten Marmor halten mußte. Alle diese Erfahrungen wünschte sie noch zuletzt durch den Sinn des Auges zusammenzufassen und das, was sie nur mutmaßte, zu bestätigen. Sie glaubte sich nun fähig, durch ihr eignes Licht dieses wunderbare unterirdische Gewölbe zu erleuchten, und hoffte auf einmal mit diesen sonderbaren Gegenständen völlig bekannt zu werden. Sie eilte und fand auf dem gewohnten Wege bald die Ritze, durch die sie in das Heiligtum zu schleichen pflegte.

Als sie sich am Orte befand, sah sie sich mit Neugier um, und obgleich ihr Schein alle Gegenstände der Rotonde nicht erleuchten konnte, so wurden ihr doch die nächsten deutlich genug. Mit Erstaunen und Ehrfurcht sah sie in eine glänzende Nische hinauf, in welcher das Bildnis eines ehrwürdigen Königs in lauterm Golde aufgestellt war. Dem Maß nach war die Bildsäule über Menschengröße, der Gestalt nach aber das Bildnis eher eines kleinen als eines großen Mannes. Sein wohlgebildeter Körper war mit einem einfachen Mantel umgeben, und ein Eichenkranz hielt seine Haare zusammen.

Kaum hatte die Schlange dieses ehrwürdige Bildnis angeblickt, als der König zu reden anfing und fragte: Wo kommst du her? — Aus den Klüften, versetzte die Schlange, in denen das Gold wohnt. — Was ist herrlicher als Gold? fragte der König. — Das Licht, antwortete die Schlange. — Was ist erquicklicher als Licht? fragte jener. — Das Gespräch, antwortete diese.

Sie hatte unter diesen Reden beiseite geschielt und in der nächsten Nische ein anderes herrliches Bild gesehen. In derselben saß ein silberner König, von langer und eher schmächtiger Gestalt; sein Körper war mit einem verzierten Gewande überdeckt, Krone, Gürtel und Zepter mit Edelsteinen geschmückt; er hatte die Heiterkeit des Stolzes in seinem Angesichte und schien eben reden zu wollen, als an der marmornen Wand eine Ader, die dunkelfarbig hindurchlief, auf einmal hell ward und ein angenehmes Licht durch den ganzen Tempel verbreitete. Bei diesem Lichte sah die Schlange den dritten König, der von Erz in mächtiger Gestalt dasaß, sich auf seine Keule lehnte, mit einem Lorbeerkranze geschmückt war und eher einem Felsen als einem Menschen glich. Sie wollte sich nach dem vierten umsehen, der in der größten Entfernung von ihr stand, aber die Mauer öffnete sich, indem die erleuchtete Ader wie ein Blitz zuckte und verschwand.

Ein Mann von mittlerer Größe, der heraustrat, zog die Aufmerksamkeit der Schlange auf sich. Er war als ein Bauer gekleidet und trug eine kleine Lampe in der Hand, in deren stille Flamme man gerne hineinsah und die auf eine wunderbare Weise, ohne auch nur einen Schatten zu werfen, den ganzen Dom erhellte.

Warum kommst du, da wir Licht haben? fragte der goldene König. — Ihr wißt, daß ich das Dunkle nicht erleuchten darf. — Endigt sich mein Reich? fragte der silberne König. — Spät oder nie, versetzte der Alte.

Mit einer starken Stimme fing der eherne König an zu fragen: Wann werde ich aufstehn? — Bald, versetzte der Alte. — Mit wem soll ich mich verbinden? fragte der König. — Mit deinen ältern Brüdern, sagte der Alte. — Was wird aus dem jüngsten werden? fragte der König. — Er wird sich setzen, sagte der Alte.

Ich bin nicht müde, rief der vierte König mit einer rauhen stotternden Stimme.

Die Schlange war, indessen jene redeten, in dem Tempel leise herumgeschlichen, hatte alles betrachtet und besah nunmehr den vierten König in der Nähe. Er stand an eine Säule gelehnt, und seine ansehnliche Gestalt war eher schwerfällig als schön. Allein das Metall, woraus er gegossen war, konnte man nicht leicht unterscheiden. Genau betrachtet war es eine Mischung der drei Metalle, aus denen seine Brüder gebildet waren. Aber beim Gusse schienen diese Materien nicht recht zusammengeschmolzen zu sein; goldne und silberne Adern liefen unregelmäßig durch eine eherne Masse hindurch und gaben dem Bilde ein unangenehmes Ansehn.

Indessen sagte der goldne König zum Manne: Wieviel Geheimnisse weißt du? — Drei, versetzte der Alte. — Welches ist das wichtigste? fragte der silberne König. — Das offenbare, versetzte der Alte. — Willst du es auch uns eröffnen? fragte der eherne. — Sobald ich das vierte weiß, sagte der Alte. — Was kümmert's mich! murmelte der zusammengesetzte König vor sich hin.

Ich weiß das vierte, sagte die Schlange, näherte sich dem Alten und zischte ihm etwas ins Ohr. — Es ist an der Zeit! rief der Alte mit gewaltiger Stimme. Der Tempel schallte wider, die metallenen Bildsäulen klangen, und in dem Augenblicke versank der Alte nach Westen und die Schlange nach Osten, und jedes durchstrich mit großer Schnelle die Klüfte der Felsen.

Alle Gänge, durch die der Alte hindurch wandelte, füllten sich hinter ihm sogleich mit Gold, denn seine Lampe hatte die wunderbare Eigenschaft, alle Steine in Gold, alles Holz in Silber, tote Tiere in Edelsteine zu verwandeln und alle Metalle zu zernichten; diese Wirkung zu äußern, mußte sie aber ganz allein leuchten. Wenn ein ander Licht neben ihr war, wirkte sie nur einen schönen hellen Schein, und alles Lebendige ward immer durch sie erquickt.

Der Alte trat in seine Hütte, die an dem Berge angebauet war, und fand sein Weib in der größten Betrübnis. Sie saß am Feuer und weinte und konnte sich nicht zufriedengeben. Wie unglücklich bin ich, rief sie aus, wollt' ich dich heute doch nicht fortlassen! — Was gibt es denn? fragte der Alte ganz ruhig.

Kaum bist du weg, sagte sie mit Schluchzen, so kommen zwei ungestüme Wanderer vor die Türe; unvorsichtig lasse ich sie herein, es schienen ein paar artige rechtliche Leute; sie waren in leichte Flammen gekleidet, man hätte sie für Irrlichter halten können: kaum sind sie im Hause, so fangen sie an, auf eine unverschämte Weise, mir mit Worten zu schmeicheln, und werden so zudringlich, daß ich mich schäme, daran zu denken.

Nun, versetzte der Mann lächelnd, die Herren haben wohl gescherzt; denn deinem Alter nach sollten sie es wohl bei der allgemeinen Höflichkeit gelassen haben.

Was Alter! Alter! rief die Frau; soll ich immer von meinem Alter hören? Wie alt bin ich denn? Gemeine Höflichkeit! Ich weiß doch was ich weiß. Und sieh dich nur um, wie die Wände aussehen; sieh nur die alten Steine, die ich seit hundert Jahren nicht mehr gesehen habe; alles Gold haben sie heruntergeleckt, du glaubst nicht mit welcher Behendigkeit, und sie versicherten immer, es schmecke viel besser als gemeines Gold. Als sie die Wände rein gefegt hatten, schienen sie sehr gutes Mutes, und gewiß, sie waren auch in kurzer Zeit sehr viel größer, breiter und glänzender geworden. Nun fingen sie ihren Mutwillen von neuem an, streichelten mich wieder, hießen mich ihre Königin, schüttelten sich und eine Menge Goldstücke sprangen herum; du siehst noch, wie sie dort unter der Bank leuchten; aber welch ein Unglück! Unser Mops fraß einige davon und sieh, da liegt er am Kamine tot; das arme Tier! Ich kann mich nicht zufriedengeben. Ich sah es erst, da sie fort waren, denn sonst hätte ich nicht versprochen, ihre Schuld beim Fährmann abzutragen. — Was sind sie schuldig? fragte der Alte. — Drei Kohlhäupter, sagte die Frau, drei Artischokken und drei Zwiebeln; wenn es Tag wird, habe ich versprochen, sie an den Fluß zu tragen.

Du kannst ihnen den Gefallen tun, sagte der Alte; denn sie werden uns gelegentlich auch wieder dienen.

Ob sie uns dienen werden, weiß ich nicht, aber versprochen und beteuert haben sie es.

Indessen war das Feuer im Kamine zusammengebrannt, der Alte überzog die Kohlen mit vieler Asche, schaffte die leuchtenden Goldstücke beiseite, und nun leuchtete sein Lämpchen wieder allein, in dem schönsten Glanze, die Mauern überzogen sich mit Gold, und der Mops war zu dem schönsten Onyx geworden, den man sich denken konnte. Die Abwechselung der braunen und schwarzen Farbe des kostbaren Gesteins machte ihn zum seltensten Kunstwerke.

Nimm deinen Korb, sagte der Alte, und stelle den Onyx hinein; alsdann nimm die drei Kohlhäupter, die drei Artischocken und die drei Zwiebeln, lege sie umher und trage sie zum Flusse. Gegen Mittag laß dich von der Schlange übersetzen und besuche die schöne Lilie, bring ihr den Onyx, sie wird ihn durch ihre Berührung lebendig machen, wie sie alles Lebendige durch ihre Berührung tötet; sie wird einen treuen Gefährten an ihm haben. Sage ihr, sie solle nicht trauern, ihre Erlösung sei nahe, das größte

41

Unglück könne sie als das größte Glück betrachten, denn es sei an der Zeit.

Die Alte packte ihren Korb und machte sich, als es Tag war, auf den Weg. Die aufgehende Sonne schien hell über den Fluß herüber, der in der Ferne glänzte; das Weib ging mit langsamem Schritt, denn der Korb drückte sie aufs Haupt, und es war doch nicht der Onyx, der so lastete. Alles Tote, was sie trug, fühlte sie nicht, vielmehr hob sich alsdann der Korb in die Höhe und schwebte über ihrem Haupte. Aber ein frisches Gemüs oder ein kleines lebendiges Tier zu tragen, war ihr äußerst beschwerlich. Verdrießlich war sie eine Zeitlang hingegangen, als sie auf einmal erschreckt stille stand; denn sie hätte beinahe auf den Schatten des Riesen getreten, der sich über die Ebene bis zu ihr hin erstreckte. Und nun sah sie erst den gewaltigen Riesen, der sich im Fluß gebadet hatte, aus dem Wasser heraussteigen, und sie wußte nicht, wie sie ihm ausweichen sollte. Sobald er sie gewahr ward, fing er an, sie scherzhaft zu begrüßen, und die Hände seines Schattens griffen sogleich in den Korb. Mit Leichtigkeit und Geschicklichkeit nahmen sie ein Kohlhaupt, eine Artischocke und eine Zwiebel heraus und brachten sie dem Riesen zum Munde, der sodann weiter den Fluß hinauf ging und dem Weibe den Weg frei ließ.

Sie bedachte, ob sie nicht lieber zurückgehen und die fehlenden Stücke aus ihrem Garten wieder ersetzen sollte, und ging unter diesen Zweifeln immer weiter vorwärts, so daß sie bald an dem Ufer des Flusses ankam. Lange saß sie in Erwartung des Fährmanns, den sie endlich mit einem sonderbaren Reisenden herüberschiffen sah. Ein junger, edler, schöner Mann, den sie nicht genug ansehen konnte, stieg aus dem Kahne.

Was bringt Ihr? rief der Alte. — Es ist das Gemüse, das Euch die Irrlichter schuldig sind, versetzte die Frau und wies ihre Ware hin. Als der Alte von jeder Sorte nur zwei fand, ward er verdrießlich und versicherte, daß er sie nicht annehmen könne. Die Frau bat ihn inständig, erzählte ihm, daß sie jetzt nicht nach Hause gehen könne und daß ihr die Last auf dem Wege, den sie vor sich habe, beschwerlich sei. Er blieb bei seiner abschläglichen Antwort, indem er ihr versicherte, daß es nicht einmal von ihm abhange. Was mir gebührt, muß ich neun Stunden zusammen lassen, und ich darf nichts annehmen, bis ich dem Fluß ein Dritteil übergeben habe. Nach vielem Hinundwiderreden versetzte endlich der Alte: Es ist noch ein Mittel. Wenn Ihr Euch gegen den Fluß verbürgt und Euch als Schuldnerin bekennen wollt, so nehm ich die sechs Stücke zu mir, es ist aber einige Gefahr dabei. — Wenn ich mein Wort halte, so laufe ich doch keine Gefahr? — Nicht die geringste. Steckt Eure Hand in den Fluß, fuhr der Alte fort, und versprecht, daß Ihr in vierundzwanzig Stunden die Schuld abtragen wollt.

Die Alte tat's, aber wie erschrak sie nicht, als sie ihre Hand kohlschwarz wieder aus dem Wasser zog. Sie schalt heftig auf den Alten, versicherte, daß ihre Hände immer das Schönste an ihr gewesen wären und daß sie, ungeachtet der harten Arbeit, diese edlen Glieder weiß und zierlich zu erhalten gewußt habe. Sie besah die Hand mit großem Verdrusse und rief verzweiflungsvoll aus: Das ist noch schlimmer! Ich sehe, sie ist gar geschwunden, sie ist viel kleiner als die andere.

Jetzt scheint es nur so, sagte der Alte; wenn Ihr aber nicht Wort haltet, kann es wahr werden. Die Hand wird nach und nach schwinden und endlich ganz verschwinden, ohne daß Ihr den Gebrauch derselben entbehrt. Ihr werdet alles damit verrichten können, nur daß sie niemand sehen wird. — Ich wollte lieber, ich könnte sie nicht brauchen und man säh' mir's nicht an, sagte die Alte; indessen hat das nichts zu bedeuten, ich werde mein Wort halten, um diese schwarze Haut und diese Sorge bald loszuwerden. Eilig nahm sie darauf den Korb, der sich von selbst über ihren Scheitel erhob und frei in die Höhe schwebte, und eilte dem jungen Manne nach, der sachte und in Gedanken am Ufer hinging. Seine herrliche Gestalt und sein sonderbarer Anzug hatten sich der Alten tief eingedruckt.

Seine Brust war mit einem glänzenden Harnisch bedeckt, durch den alle Teile seines schönen Leibes sich durchbewegten. Um seine Schultern hing ein Purpurmantel, um sein unbedecktes Haupt wallten braune Haare in schönen Locken; sein holdes Gesicht war den Strahlen der Sonne ausgesetzt, so wie seine schön gebauten Füße. Mit nackten Sohlen ging er gelassen über den heißen Sand hin, und ein tiefer Schmerz schien alle äußeren Eindrücke abzustumpfen.

Die gesprächige Alte suchte ihn zu einer Unterredung zu bringen, allein er gab ihr mit kurzen Worten wenig Bescheid, so daß sie endlich, ungeachtet seiner schönen Augen, müde ward, ihn immer vergebens anzureden, von ihm Abschied nahm und sagte: Ihr geht mir zu langsam, mein Herr, ich darf den Augenblick nicht versäumen, um über die grüne Schlange den Fluß zu passieren und der schönen Lilie das vortreffliche Geschenk von meinem Manne zu überbringen. Mit diesen Worten schritt sie eilends fort und ebenso schnell ermannte sich der schöne Jüngling und eilte ihr auf dem Fuße nach. Ihr geht zur schönen Lilie! rief er aus, da gehen wir einen Weg. Was ist das für ein Geschenk, das Ihr tragt?

Mein Herr, versetzte die Frau dagegen, es ist

44

nicht billig, nachdem Ihr meine Fragen so einsilbig abgelehnt habt, Euch mit solcher Lebhaftigkeit nach meinen Geheimnissen zu erkundigen. Wollt Ihr aber einen Tausch eingehen und mir Eure Schicksale er-
5 zählen, so will ich Euch nicht verbergen, wie es mit mir und meinem Geschenke steht. Sie wurden bald einig; die Frau vertraute ihm ihre Verhältnisse, die Geschichte des Hundes und ließ ihn dabei das wundervolle Geschenk betrachten.

10 Er hob sogleich das natürliche Kunstwerk aus dem Korbe und nahm den Mops, der sanft zu ruhen schien, in seine Arme. Glückliches Tier! rief er aus, du wirst von ihren Händen berührt, du wirst von ihr belebt werden, anstatt daß Lebendige vor ihr
15 fliehen, um nicht ein trauriges Schicksal zu erfahren. Doch was sage ich traurig! ist es nicht viel betrübter und bänglicher, durch ihre Gegenwart gelähmt zu werden, als es sein würde, von ihrer Hand zu sterben! Sieh mich an, sagte er zu der Alten; in meinen
20 Jahren, welch einen elenden Zustand muß ich erdulden. Diesen Harnisch, den ich mit Ehren im Kriege getragen, diesen Purpur, den ich durch eine weise Regierung zu verdienen suchte, hat mir das Schicksal gelassen, jenen als eine unnötige Last, die-
25 sen als eine unbedeutende Zierde. Krone, Zepter und Schwert sind hinweg, ich bin übrigens so nackt und bedürftig als jeder andere Erdensohn, denn so unselig wirken ihre schönen blauen Augen, daß sie allen lebendigen Wesen ihre Kraft nehmen und daß
30 diejenigen, die ihre berührende Hand nicht tötet, sich in den Zustand lebendig wandelnder Schatten versetzt fühlen.

So fuhr er fort zu klagen und befriedigte die Neugierde der Alten keineswegs, welche nicht so-
35 wohl von seinem innern als von seinem äußern Zustande unterrichtet sein wollte. Sie erfuhr weder

45

den Namen seines Vaters noch seines Königreichs. Er streichelte den harten Mops, den die Sonnenstrahlen und der warme Busen des Jünglings, als wenn er lebte, erwärmt hatten. Er fragte viel nach dem Mann mit der Lampe, nach den Wirkungen des heiligen Lichtes und schien sich davon für seinen traurigen Zustand künftig viel Gutes zu versprechen.

Unter diesen Gesprächen sahen sie von ferne den majestätischen Bogen der Brücke, der von einem Ufer zum andern hinüberreichte, im Glanz der Sonne auf das wunderbarste schimmern. Beide erstaunten, denn sie hatten dieses Gebäude noch nie so herrlich gesehen. Wie! rief der Prinz; war sie nicht schon schön genug, als sie vor unsern Augen wie von Jaspis und Prasem gebaut dastand? Muß man nicht fürchten, sie zu betreten, da sie aus Smaragd, Chrysopras und Chrysolith mit der anmutigsten Mannigfaltigkeit zusammengesetzt erscheint? Beide wußten nicht die Veränderung, die mit der Schlange vorgegangen war: denn die Schlange war es, die sich jeden Mittag über den Fluß hinüber bäumte und in Gestalt einer kühnen Brücke dastand. Die Wanderer betraten sie mit Ehrfurcht und gingen schweigend hinüber.

Sie waren kaum am jenseitigen Ufer, als die Brücke sich zu schwingen und zu bewegen anfing, in kurzem die Oberfläche des Wassers berührte und die grüne Schlange in ihrer eigentümlichen Gestalt den Wanderern auf dem Lande nachgleitete. Beide hatten kaum für die Erlaubnis, auf ihrem Rücken über den Fluß zu setzen, gedankt, als sie bemerkten, daß außer ihnen dreien noch mehrere Personen in der Gesellschaft sein müßten, die sie jedoch mit ihren Augen nicht erblicken konnten. Sie hörten neben sich ein Gezisch, dem die Schlange gleichfalls mit einem Gezisch antwortete; sie horchten auf und konnten endlich folgendes vernehmen: Wir werden, sagten ein paar wechselnde Stimmen, uns erst inkognito in dem Park der schönen Lilie umsehen und ersuchen Euch, uns mit Anbruch der Nacht, sobald wir nur irgend präsentabel sind, der vollkommenen Schönheit vorzustellen. An dem Rande des großen Sees werdet Ihr uns antreffen. – Es bleibt dabei, antwortete die Schlange, und ein zischender Laut verlor sich in der Luft.

Unsere drei Wanderer beredeten sich nunmehr, in welcher Ordnung sie bei der Schönen vortreten wollten, denn soviel Personen auch um sie sein konnten, so durften sie doch nur einzeln kommen und gehen, wenn sie nicht empfindliche Schmerzen erdulden sollten.

Das Weib mit dem verwandelten Hunde im Korbe nahte sich zuerst dem Garten und suchte ihre Gönnerin auf, die leicht zu finden war, weil sie eben zur Harfe sang; die lieblichen Töne zeigten sich erst als Ringe auf der Oberfläche des stillen Sees, dann wie ein leichter Hauch setzten sie Gras und Büsche in Bewegung. Auf einem eingeschlossenen grünen Platze, in dem Schatten einer herrlichen Gruppe mannigfaltiger Bäume, saß sie und bezauberte beim ersten Anblick aufs neue die Augen, das Ohr und das Herz des Weibes, das sich ihr mit Entzücken näherte und bei sich selbst schwur, die Schöne sei während ihrer Abwesenheit nur immer schöner geworden. Schon von weitem rief die gute Frau dem liebenswürdigsten Mädchen Gruß und Lob zu. Welch ein Glück, Euch anzusehen, welch einen Himmel verbreitet Eure Gegenwart um Euch her! Wie die Harfe so reizend in Eurem Schoße lehnt, wie Eure Arme sie so sanft umgeben, wie sie sich nach Eurer Brust zu sehnen scheint und wie sie unter der Berührung

Eurer schlanken Finger so zärtlich klingt! Dreifach glücklicher Jüngling, der du ihren Platz einnehmen konntest!

Unter diesen Worten war sie näher gekommen; die schöne Lilie schlug die Augen auf, ließ die Hände sinken und versetzte: Betrübe mich nicht durch ein unzeitiges Lob, ich empfinde nur desto stärker mein Unglück. Sieh, hier zu meinen Füßen liegt der arme Kanarienvogel tot, der sonst meine Lieder auf das angenehmste begleitete; er war gewöhnt, auf meiner Harfe zu sitzen, und sorgfältig abgerichtet, mich nicht zu berühren; heute, indem ich vom Schlaf erquickt ein ruhiges Morgenlied anstimme, und mein kleiner Sänger munterer als jemals seine harmonischen Töne hören läßt, schießt ein Habicht über meinem Haupte hin; das arme kleine Tier, erschrocken, flüchtet in meinen Busen und in dem Augenblick fühl ich die letzten Zuckungen seines scheidenden Lebens. Zwar von meinem Blicke getroffen schleicht der Räuber dort ohnmächtig am Wasser hin, aber was kann mir seine Strafe helfen, mein Liebling ist tot, und sein Grab wird nur das traurige Gebüsch meines Gartens vermehren.

Ermannt Euch, schöne Lilie! rief die Frau, indem sie selbst eine Träne abtrocknete, welche ihr die Erzählung des unglücklichen Mädchens aus den Augen gelockt hatte, nehmt Euch zusammen, mein Alter läßt Euch sagen, Ihr sollt Eure Trauer mäßigen, das größte Unglück als Vorbote des größten Glücks ansehen; denn es sei an der Zeit; und wahrhaftig, fuhr die Alte fort, es geht bunt in der Welt zu. Seht nur meine Hand, wie sie schwarz geworden ist! Wahrhaftig, sie ist schon um vieles kleiner, ich muß eilen, eh' sie gar verschwindet! Warum mußt' ich den Irrlichtern eine Gefälligkeit erzeigen, warum mußt' ich dem Riesen begegnen und warum meine Hand in den Fluß tauchen? Könnt Ihr mir nicht ein Kohlhaupt, eine Artischocke und eine Zwiebel geben? so bring ich sie dem Flusse und meine Hand ist weiß wie vorher, so daß ich sie fast neben die Eurige halten könnte.

Kohlhäupter und Zwiebeln könntest du allenfalls noch finden: aber Artischocken suchest du vergebens. Alle Pflanzen in meinem großen Garten tragen weder Blüten noch Früchte; aber jedes Reis, das ich breche und auf das Grab eines Lieblings pflanze, grünt sogleich und schießt hoch auf. Alle diese Gruppen, diese Büsche, diese Haine habe ich leider wachsen sehen. Die Schirme dieser Pinien, die Obelisken dieser Zypressen, die Kolossen von Eichen und Buchen, alles waren kleine Reiser, als ein trauriges Denkmal von meiner Hand in einen sonst unfruchtbaren Boden gepflanzt.

Die Alte hatte auf diese Rede wenig achtgegeben und nur ihre Hand betrachtet, die in der Gegenwart der schönen Lilie immer schwärzer und von Minute zu Minute kleiner zu werden schien. Sie wollte ihren Korb nehmen und eben forteilen, als sie fühlte, daß sie das Beste vergessen hatte. Sie hub sogleich den verwandelten Hund heraus und setzte ihn nicht weit von der Schönen ins Gras. Mein Mann, sagte sie, schickt Euch dieses Andenken, Ihr wißt, daß Ihr diesen Edelstein durch Eure Berührung beleben könnt. Das artige treue Tier wird Euch gewiß viel Freude machen, und die Betrübnis, daß ich ihn verliere, kann nur durch den Gedanken aufgeheitert werden, daß Ihr ihn besitzt.

Die schöne Lilie sah das artige Tier mit Vergnügen und, wie es schien, mit Verwunderung an. Es kommen viele Zeichen zusammen, sagte sie, die mir einige Hoffnung einflößen; aber ach! ist es nicht bloß ein Wahn unsrer Natur, daß wir dann, wenn

vieles Unglück zusammentrifft, uns vorbilden, das
Beste sei nah.

Was helfen mir die vielen guten Zeichen?
Des Vogels Tod, der Freundin schwarze Hand?
Der Mops von Edelstein, hat er wohl seinesgleichen?
Und hat ihn nicht die Lampe mir gesandt?

Entfernt vom süßen menschlichen Genusse,
Bin ich doch mit dem Jammer nur vertraut.
Ach! warum steht der Tempel nicht am Flusse!
Ach! warum ist die Brücke nicht gebaut!

Ungeduldig hatte die gute Frau diesem Gesange
zugehört, den die schöne Lilie mit den angenehmen
Tönen ihrer Harfe begleitete und der jeden andern
entzückt hätte. Eben wollte sie sich beurlauben, als
sie durch die Ankunft der grünen Schlange abermals abgehalten wurde. Diese hatte die letzten Zeilen des Liedes gehört und sprach deshalb der schönen Lilie sogleich zuversichtlich Mut ein.

Die Weissagung von der Brücke ist erfüllt! rief
sie aus; fragt nur diese gute Frau, wie herrlich der
Bogen gegenwärtig erscheint. Was sonst undurch-
sichtiger Jaspis, was nur Prasem war, durch den das
Licht höchstens auf den Kanten durchschimmerte,
ist nun durchsichtiger Edelstein geworden. Kein
Beryll ist so klar und kein Smaragd so schönfarbig.

Ich wünsche Euch Glück dazu, sagte Lilie, allein
verzeihet mir, wenn ich die Weissagung noch nicht
erfüllt glaube. Über den hohen Bogen Eurer Brücke
können nur Fußgänger hinüberschreiten und es ist
uns versprochen, daß Pferde und Wagen und Reisende aller Art zu gleicher Zeit über die Brücke her-
über- und hinüberwandern sollen. Ist nicht von den
großen Pfeilern geweissagt, die aus dem Flusse
selbst heraussteigen werden?

Die Alte hatte ihre Augen immer auf die Hand

geheftet, unterbrach hier das Gespräch und empfahl sich. Verweilt noch einen Augenblick, sagte die schöne Lilie, und nehmt meinen armen Kanarienvogel mit. Bittet die Lampe, daß sie ihn in einen schönen Topas verwandle, ich will ihn durch meine Berührung beleben, und er, mit Eurem guten Mops, soll mein bester Zeitvertreib sein; aber eilt, was Ihr könnt, denn mit Sonnenuntergang ergreift unleidliche Fäulnis das arme Tier und zerreißt den schönen Zusammenhang seiner Gestalt auf ewig.

Die Alte legte den kleinen Leichnam zwischen zarte Blätter in den Korb und eilte davon.

Wie dem auch sei, sagte die Schlange, indem sie das abgebrochene Gespräch fortsetzte, der Tempel ist erbauet.

Er steht aber noch nicht am Flusse, versetzte die Schöne.

Noch ruht er in den Tiefen der Erde, sagte die Schlange; ich habe die Könige gesehen und gesprochen.

Aber wann werden sie aufstehn? fragte Lilie.

Die Schlange versetzte: Ich hörte die großen Worte im Tempel ertönen: es ist an der Zeit.

Eine angenehme Heiterkeit verbreitete sich über das Angesicht der Schönen. Höre ich doch, sagte sie, die glücklichen Worte schon heute zum zweitenmal; wann wird der Tag kommen, an dem ich sie dreimal höre?

Sie stand auf, und sogleich trat ein reizendes Mädchen aus dem Gebüsch, das ihr die Harfe abnahm. Dieser folgte eine andre, die den elfenbeinernen geschnitzten Feldstuhl, worauf die Schöne gesessen hatte, zusammenschlug und das silberne Kissen unter den Arm nahm. Eine dritte, die einen großen, mit Perlen gestickten Sonnenschirm trug, zeigte sich darauf, erwartend, ob Lilie auf einem Spaziergange etwa ihrer bedürfe. Über allen Ausdruck schön und reizend waren diese drei Mädchen, und doch erhöhten sie nur die Schönheit der Lilie, indem sich jeder gestehen mußte, daß sie mit ihr gar nicht verglichen werden konnten.

Mit Gefälligkeit hatte indes die schöne Lilie den wunderbaren Mops betrachtet. Sie beugte sich, berührte ihn, und in dem Augenblicke sprang er auf. Munter sah er sich um, lief hin und wider und eilte zuletzt, seine Wohltäterin auf das freundlichste zu begrüßen. Sie nahm ihn auf die Arme und drückte ihn an sich. So kalt du bist, rief sie aus, und obgleich nur ein halbes Leben in dir wirkt, bist du mir doch willkommen; zärtlich will ich dich lieben, artig mit dir scherzen, freundlich dich streicheln und fest dich an mein Herz drücken. Sie ließ ihn darauf los, jagte ihn von sich, rief ihn wieder, scherzte so artig mit ihm und trieb sich so munter und unschuldig mit ihm auf dem Grase herum, daß man mit neuem Entzücken ihre Freude betrachten und teil daran nehmen mußte, so wie kurz vorher ihre Trauer jedes Herz zum Mitleid gestimmt hatte.

Diese Heiterkeit, diese anmutigen Scherze wurden durch die Ankunft des traurigen Jünglings unterbrochen. Er trat herein, wie wir ihn schon kennen, nur schien die Hitze des Tages ihn noch mehr abgemattet zu haben, und in der Gegenwart der Geliebten ward er mit jedem Augenblicke blässer. Er trug den Habicht auf seiner Hand, der wie eine Taube ruhig saß und die Flügel hängen ließ.

Es ist nicht freundlich, rief Lilie ihm entgegen, daß du mir das verhaßte Tier vor die Augen bringst, das Ungeheuer, das meinen kleinen Sänger heute getötet hat.

Schilt den unglücklichen Vogel nicht! versetzte darauf der Jüngling; klage vielmehr dich an und das Schicksal, und vergönne mir, daß ich mit dem Gefährten meines Elends Gesellschaft mache.

Indessen hörte der Mops nicht auf, die Schöne zu necken, und sie antwortete dem durchsichtigen Liebling mit dem freundlichsten Betragen. Sie klatschte mit den Händen, um ihn zu verscheuchen; dann lief sie, um ihn wieder nach sich zu ziehen. Sie suchte ihn zu haschen, wenn er floh, und jagte ihn von sich weg, wenn er sich an sie zu drängen versuchte. Der Jüngling sah stillschweigend und mit wachsendem Verdrusse zu; aber endlich, da sie das häßliche Tier, das ihm ganz abscheulich vorkam, auf den Arm nahm, an ihren weißen Busen drückte und die schwarze Schnauze mit ihren himmlischen Lippen küßte, verging ihm alle Geduld und er rief völler Verzweiflung aus: Muß ich, der ich durch ein trauriges Geschick vor dir, vielleicht auf immer, in einer getrennten Gegenwart lebe, der ich durch dich alles, ja mich selbst verloren habe, muß ich vor meinen Augen sehen, daß eine so widernatürliche Mißgeburt dich zur Freude reizen, deine Neigung fesseln und deine Umarmung genießen kann! Soll ich noch länger nur so hin- und widergehen und den traurigen Kreis den Fluß herüber und hinüber abmessen? Nein, es ruht noch ein Funke des alten Heldenmutes in meinem Busen; er schlage in diesem Augenblick zur letzten Flamme auf! Wenn Steine an deinem Busen ruhen können, so möge ich zu Stein werden; wenn deine Berührung tötet, so will ich von deinen Händen sterben.

Mit diesen Worten machte er eine heftige Bewegung; der Habicht flog von seiner Hand, er aber stürzte auf die Schöne los, sie streckte die Hände aus, ihn abzuhalten, und berührte ihn nur desto früher. Das Bewußtsein verließ ihn, und mit Entsetzen fühlte sie die schöne Last an ihrem Busen.

Mit einem Schrei trat sie zurück, und der holde
Jüngling sank entseelt aus ihren Armen zur Erde.

Das Unglück war geschehen! Die süße Lilie stand
unbeweglich und blickte starr nach dem entseelten
Leichnam. Das Herz schien ihr im Busen zu stocken
und ihre Augen waren ohne Tränen. Vergebens
suchte der Mops ihr eine freundliche Bewegung ab-
zugewinnen; die ganze Welt war mit ihrem Freunde
ausgestorben. Ihre stumme Verzweiflung sah sich
nach Hülfe nicht um, denn sie kannte keine Hülfe.

Dagegen regte sich die Schlange desto emsiger;
sie schien auf Rettung zu sinnen, und wirklich dien-
ten ihre sonderbaren Bewegungen, wenigstens die
nächsten schrecklichen Folgen des Unglücks auf
einige Zeit zu hindern. Sie zog mit ihrem geschmei-
digen Körper einen weiten Kreis um den Leichnam,
faßte das Ende ihres Schwanzes mit den Zähnen
und blieb ruhig liegen.

Nicht lange, so trat eine der schönen Dienerinnen
Liliens hervor, brachte den elfenbeinernen Feldstuhl und nötigte mit freundlichen Gebärden die
Schöne, sich zu setzen; bald darauf kam die zweite,
die einen feuerfarbigen Schleier trug und das Haupt
ihrer Gebieterin damit mehr zierte als bedeckte;
die dritte übergab ihr die Harfe, und kaum hatte
sie das prächtige Instrument an sich gedrückt und
einige Töne aus den Saiten hervorgelockt, als die
erste mit einem hellen runden Spiegel zurückkam,
sich der Schönen gegenüberstellte, ihre Blicke auffing und ihr das angenehmste Bild, das in der Natur
zu finden war, darstellte. Der Schmerz erhöhte ihre
Schönheit, der Schleier ihre Reize, die Harfe ihre
Anmut, und so sehr man hoffte, ihre traurige Lage
verändert zu sehen, so sehr wünschte man, ihr Bild
ewig, wie es gegenwärtig erschien, festzuhalten.

Mit einem stillen Blick nach dem Spiegel lockte

sie bald schmelzende Töne aus den Saiten, bald schien ihr Schmerz zu steigen, und die Saiten antworteten gewaltsam ihrem Jammer; einigemal öffnete sie den Mund, zu singen, aber die Stimme versagte ihr, doch bald löste sich ihr Schmerz in Tränen auf, zwei Mädchen faßten sie hülfreich in die Arme, die Harfe sank aus ihrem Schoße, kaum ergriff noch die schnelle Dienerin das Instrument und trug es beiseite.

Wer schafft uns den Mann mit der Lampe, ehe die Sonne untergeht? zischte die Schlange leise, aber vernehmlich; die Mädchen sahen einander an, und Liliens Tränen vermehrten sich. In diesem Augenblicke kam atemlos die Frau mit dem Korbe zurück. Ich bin verloren und verstümmelt, rief sie aus; seht, wie meine Hand beinahe ganz weggeschwunden ist;‹ weder der Fährmann noch der Riese wollten mich übersetzen, weil ich noch eine Schuldnerin des Wassers bin; vergebens habe ich hundert Kohlhäupter und hundert Zwiebeln angeboten, man will nicht mehr als die drei Stücke, und keine Artischocke ist nun einmal in diesen Gegenden zu finden.

Vergeßt Eure Not, sagte die Schlange, und sucht hier zu helfen; vielleicht kann Euch zugleich mitgeholfen werden. Eilt, was Ihr könnt, die Irrlichter aufzusuchen, es ist noch zu hell, sie zu sehen, aber vielleicht hört Ihr sie lachen und flattern. Wenn sie eilen, so setzt sie der Riese noch über den Fluß, und sie können den Mann mit der Lampe finden und schicken.

Das Weib eilte, soviel sie konnte, und die Schlange schien ebenso ungeduldig als Lilie die Rückkunft der beiden zu erwarten. Leider vergoldete schon der Strahl der sinkenden Sonne nur den höchsten Gipfel der Bäume des Dickichts, und lange Schatten zogen sich über See und Wiese; die

Schlange bewegte sich ungeduldig, und Lilie zerfloß in Tränen.

In dieser Not sah die Schlange sich überall um, denn sie fürchtete jeden Augenblick, die Sonne werde untergehen, die Fäulnis den magischen Kreis durchdringen und den schönen Jüngling unaufhaltsam anfallen. Endlich erblickte sie hoch in den Lüften, mit purpurroten Federn den Habicht, dessen Brust die letzten Strahlen der Sonne auffing. Sie schüttelte sich vor Freuden über das gute Zeichen, und sie betrog sich nicht; denn kurz darauf sah man den Mann mit der Lampe über den See hergleiten, gleich als wenn er auf Schlittschuhen ginge.

Die Schlange veränderte nicht ihre Stelle, aber die Lilie stand auf und rief ihm zu: Welcher gute Geist sendet dich in dem Augenblick, da wir so sehr nach dir verlangen und deiner so sehr bedürfen?

Der Geist meiner Lampe, versetzte der Alte, treibt mich, und der Habicht führt mich hierher. Sie spratzelt, wenn man meiner bedarf, und ich sehe mich nur in den Lüften nach einem Zeichen um; irgendein Vogel oder Meteor zeigt mir die Himmelsgegend an, wohin ich mich wenden soll. Sei ruhig, schönstes Mädchen! ob ich helfen kann, weiß ich nicht, ein einzelner hilft nicht, sondern wer sich mit vielen zur rechten Stunde vereinigt. Aufschieben wollen wir und hoffen. Halte deinen Kreis geschlossen, fuhr er fort, indem er sich an die Schlange wendete, sich auf einen Erdhügel neben sie hinsetzte und den toten Körper beleuchtete. Bringt den artigen Kanarienvogel auch her und leget ihn in den Kreis! Die Mädchen nahmen den kleinen Leichnam aus dem Korbe, den die Alte stehen ließ, und gehorchten dem Manne.

Die Sonne war indessen untergegangen, und wie die Finsternis zunahm, fing nicht allein die Schlange und die Lampe des Mannes nach ihrer Weise zu leuchten an, sondern der Schleier Liliens gab auch ein sanftes Licht von sich, das wie eine zarte Morgenröte ihre blassen Wangen und ihr weißes Gewand mit einer unendlichen Anmut färbte. Man sah sich wechselsweise mit stiller Betrachtung an, Sorge und Trauer waren durch eine sichere Hoffnung gemildert.

Nicht unangenehm erschien daher das alte Weib in Gesellschaft der beiden muntern Flammen, die zwar zeither sehr verschwendet haben mußten, denn sie waren wieder äußerst mager geworden, aber sich nur desto artiger gegen die Prinzessin und die übrigen Frauenzimmer betrugen. Mit der größten Sicherheit und mit vielem Ausdruck sagten sie ziemlich gewöhnliche Sachen, besonders zeigten sie sich sehr empfänglich für den Reiz, den der leuchtende Schleier über Lilien und ihre Begleiterinnen verbreitete. Bescheiden schlugen die Frauenzimmer ihre Augen nieder, und das Lob ihrer Schönheit verschönerte sie wirklich. Jedermann war zufrieden und ruhig bis auf die Alte. Ungeachtet der Versicherung ihres Mannes, daß ihre Hand nicht weiter abnehmen könne solange sie von seiner Lampe beschienen sei, behauptete sie mehr als einmal, daß, wenn es so fortgehe, noch vor Mitternacht dieses edle Glied völlig verschwinden werde.

Der Alte mit der Lampe hatte dem Gespräch der Irrlichter aufmerksam zugehört und war vergnügt, daß Lilie durch diese Unterhaltung zerstreut und aufgeheitert worden. Und wirklich war Mitternacht herbeigekommen, man wußte nicht wie. Der Alte sah nach den Sternen und fing darauf zu reden an: Wir sind zur glücklichen Stunde beisammen, jeder verrichte sein Amt, jeder tue seine Pflicht, und ein allgemeines Glück wird die einzelnen Schmerzen in sich auflösen, wie ein allgemeines Unglück einzelne Freuden verzehrt.

Nach diesen Worten entstand ein wunderbares Geräusch, denn alle gegenwärtigen Personen sprachen für sich und drückten laut aus, was sie zu tun hätten, nur die drei Mädchen waren stille; eingeschlafen war die eine neben der Harfe, die andere neben dem Sonnenschirm, die dritte neben dem Sessel, und man konnte es ihnen nicht verdenken, denn es war spät. Die flammenden Jünglinge hatten nach einigen vorübergehenden Höflichkeiten, die sie auch den Dienerinnen gewidmet, sich doch zuletzt nur an Lilien, als die Allerschönste, gehalten.

Fasse, sagte der Alte zum Habicht, den Spiegel, und mit dem ersten Sonnenstrahl beleuchte die Schläferinnen und wecke sie mit zurückgeworfenem Lichte aus der Höhe.

Die Schlange fing nunmehr an sich zu bewegen, löste den Kreis auf und zog langsam in großen Ringen nach dem Flusse. Feierlich folgten ihr die beiden Irrlichter, und man hätte sie für die ernsthaftesten Flammen halten sollen. Die Alte und ihr Mann ergriffen den Korb, dessen sanftes Licht man bisher kaum bemerkt hatte, sie zogen von beiden Seiten daran, und er ward immer größer und leuchtender, sie hoben darauf den Leichnam des Jünglings hinein und legten ihm den Kanarienvogel auf die Brust, der Korb hob sich in die Höhe und schwebte über dem Haupte der Alten und sie folgte den Irrlichtern auf dem Fuße. Die schöne Lilie nahm den Mops auf ihren Arm und folgte der Alten, der Mann mit der Lampe beschloß den Zug, und die Gegend war von diesen vielerlei Lichtern auf das sonderbarste erhellt.

Aber mit nicht geringer Bewunderung sah die Gesellschaft, als sie zu dem Flusse gelangte, einen herrlichen Bogen über denselben hinübersteigen, wodurch die wohltätige Schlange ihnen einen glänzenden Weg bereitete. Hatte man bei Tage die durchsichtigen Edelsteine bewundert, woraus die Brücke zusammengesetzt schien, so erstaunte man bei Nacht über ihre leuchtende Herrlichkeit. Oberwärts schnitt sich der helle Kreis scharf an dem dunklen Himmel ab, aber unterwärts zuckten lebhafte Strahlen nach dem Mittelpunkte zu und zeigten die bewegliche Festigkeit des Gebäudes. Der Zug ging langsam hinüber, und der Fährmann, der von ferne aus seiner Hütte hervorsah, betrachtete mit Staunen den leuchtenden Kreis und die sonderbaren Lichter, die darüber hinzogen.

Kaum waren sie an dem andern Ufer angelangt, als der Bogen nach seiner Weise zu schwanken und sich wellenartig dem Wasser zu nähern anfing. Die Schlange bewegte sich bald darauf ans Land, der Korb setzte sich zur Erde nieder, und die Schlange zog aufs neue ihren Kreis umher, der Alte neigte sich vor ihr und sprach: Was hast du beschlossen?

Mich aufzuopfern, ehe ich aufgeopfert werde, versetzte die Schlange; versprich mir, daß du keinen Stein am Lande lassen willst.

Der Alte versprach's und sagte darauf zur schönen Lilie: Rühre die Schlange mit der linken Hand an und deinen Geliebten mit der rechten. Lilie kniete nieder und berührte die Schlange und den Leichnam. Im Augenblicke schien dieser in das Leben überzugehen, er bewegte sich im Korbe, ja er richtete sich in die Höhe und saß; Lilie wollte ihn umarmen, allein der Alte hielt sie zurück, er half dagegen dem Jüngling aufstehn und leitete ihn, indem er aus dem Korbe und dem Kreise trat.

Der Jüngling stand, der Kanarienvogel flatterte auf seiner Schulter, es war wieder Leben in beiden, aber der Geist war noch nicht zurückgekehrt; der schöne Freund hatte die Augen offen und sah nicht, wenigstens schien er alles ohne Teilnehmung anzusehn, und kaum hatte sich die Verwunderung über diese Begebenheit in etwas gemäßigt, als man erst bemerkte, wie sonderbar die Schlange sich verändert hatte. Ihr schöner schlanker Körper war in tausend und tausend leuchtende Edelsteine zerfallen; unvorsichtig hatte die Alte, die nach ihrem Korbe greifen wollte, an sie gestoßen, und man sah nichts mehr von der Bildung der Schlange, nur ein schöner Kreis leuchtender Edelsteine lag im Grase.

Der Alte machte sogleich Anstalt, die Steine in den Korb zu fassen, wozu ihm seine Frau behülflich sein mußte. Beide trugen darauf den Korb gegen das Ufer an einen erhabenen Ort, und er schüttete die ganze Ladung, nicht ohne Widerwillen der Schönen und seines Weibes, die gerne davon sich etwas ausgesucht hätten, in den Fluß. Wie leuchtende und blinkende Sterne schwammen die Steine mit den Wellen hin, und man konnte nicht unterscheiden, ob sie sich in der Ferne verloren oder untersanken.

Meine Herren, sagte darauf der Alte ehrerbietig zu den Irrlichtern, nunmehr zeige ich Ihnen den Weg und eröffne den Gang, aber Sie leisten uns den größten Dienst, wenn Sie uns die Pforte des Heiligtums öffnen, durch die wir diesmal eingehen müssen und die außer Ihnen niemand aufschließen kann.

Die Irrlichter neigten sich anständig und blieben zurück. Der Alte mit der Lampe ging voraus in den Felsen, der sich vor ihm auftat; der Jüngling folgte ihm, gleichsam mechanisch; still und ungewiß hielt sich Lilie in einiger Entfernung hinter ihm; die Alte wollte nicht gerne zurückbleiben und streckte ihre Hand aus, damit ja das Licht von ihres Mannes Lampe sie erleuchten könne. Nun schlossen die Irrlichter den Zug, indem sie die Spitzen ihrer Flammen zusammenneigten und miteinander zu sprechen schienen.

Sie waren nicht lange gegangen, als der Zug sich vor einem großen ehernen Tore befand, dessen Flügel mit einem goldenen Schloß verschlossen waren. Der Alte rief sogleich die Irrlichter herbei, die sich nicht lange aufmuntern ließen, sondern geschäftig mit ihren spitzesten Flammen Schloß und Riegel aufzehrten.

Laut tönte das Erz, als die Pforten schnell aufsprangen und im Heiligtum die würdigen Bilder der Könige, durch die hereintretenden Lichter beleuchtet, erschienen. Jeder neigte sich vor den ehrwürdigen Herrschern, besonders ließen es die Irrlichter an krausen Verbeugungen nicht fehlen.

Nach einiger Pause fragte der goldne König: Woher kommt ihr? — Aus der Welt, antwortete der Alte. — Wohin geht ihr? fragte der silberne König. — In die Welt, sagte der Alte. — Was wollt ihr bei uns? fragte der eherne König. — Euch begleiten, sagte der Alte.

Der gemischte König wollte eben zu reden anfangen, als der goldne zu den Irrlichtern, die ihm zu nahe gekommen waren, sprach: Hebet euch weg von mir, mein Gold ist nicht für euren Gaum. Sie wandten sich darauf zum silbernen und schmiegten sich an ihn, sein Gewand glänzte schön von ihrem gelblichen Widerschein. Ihr seid mir willkommen, sagte er, aber ich kann euch nicht ernähren; sättiget euch auswärts und bringt mir euer Licht. Sie entfernten sich und schlichen, bei dem ehernen vorbei, der sie nicht zu bemerken schien, auf den zusammengesetzten los. Wer wird die Welt beherrschen? rief dieser mit stotternder Stimme. — Wer auf seinen Füßen steht, antwortete der Alte. — Das bin ich! sagte der gemischte König. — Es wird sich offenbaren, sagte der Alte, denn es ist an der Zeit.

Die schöne Lilie fiel dem Alten um den Hals und küßte ihn aufs herzlichste. Heiliger Vater, sagte sie, tausendmal dank ich dir, denn ich höre das ahnungsvolle Wort zum drittenmal. Sie hatte kaum ausgeredet, als sie sich noch fester an den Alten hielt, denn der Boden fing unter ihnen an zu schwanken, die Alte und der Jüngling hielten sich auch aneinander, nur die beweglichen Irrlichter merkten nichts.

Man konnte deutlich fühlen, daß der ganze Tempel sich bewegte, wie ein Schiff, das sich sanft aus dem Hafen entfernt, wenn die Anker gelichtet sind; die Tiefen der Erde schienen sich vor ihm aufzutun als er hindurchzog. Er stieß nirgends an, kein Felsen stand ihm in dem Weg.

Wenige Augenblicke schien ein feiner Regen durch die Öffnung der Kuppel hereinzurieseln; der Alte hielt die schöne Lilie fester und sagte zu ihr: Wir sind unter dem Flusse und bald am Ziel. Nicht lange darauf glaubten sie stillzustehn, doch sie betrogen sich; der Tempel stieg aufwärts.

Nun entstand ein seltsames Getöse über ihrem Haupte. Bretter und Balken, in ungestalter Verbindung, begannen sich zu der Öffnung der Kuppel krachend hereinzudrängen. Lilie und die Alte sprangen zur Seite, der Mann mit der Lampe faßte den Jüngling und blieb stehen. Die kleine Hütte des Fährmanns, denn sie war es, die der Tempel im Aufsteigen vom Boden abgesondert und in sich aufgenommen hatte, sank allmählich herunter und bedeckte den Jüngling und den Alten.

Die Weiber schrien laut, und der Tempel schütterte wie ein Schiff, das unvermutet ans Land stößt. Ängstlich irrten die Frauen in der Dämmerung um die Hütte, die Türe war verschlossen und auf ihr

Pochen hörte niemand. Sie pochten heftiger und wunderten sich nicht wenig, als zuletzt das Holz zu klingen anfing. Durch die Kraft der verschlossenen Lampe war die Hütte von innen heraus zu Silber geworden. Nicht lange, so veränderte sie sogar ihre Gestalt; denn das edle Metall verließ die zufälligen Formen der Bretter, Pfosten und Balken und dehnte sich zu einem herrlichen Gehäuse von getriebener Arbeit aus. Nun stand ein herrlicher kleiner Tempel in der Mitte des großen, oder, wenn man will, ein Altar, des Tempels würdig.

Durch eine Treppe, die von innen heraufging, trat nunmehr der edle Jüngling in die Höhe, der Mann mit der Lampe leuchtete ihm, und ein anderer schien ihn zu unterstützen, der in einem weißen kurzen Gewand hervorkam und ein silbernes Ruder in der Hand hielt; man erkannte in ihm sogleich den Fährmann, den ehemaligen Bewohner der verwandelten Hütte.

Die schöne Lilie stieg die äußeren Stufen hinauf, die von dem Tempel auf den Altar führten, aber noch immer mußte sie sich von ihrem Geliebten entfernt halten. Die Alte, deren Hand, solange die Lampe verborgen gewesen, immer kleiner geworden war, rief: Soll ich doch noch unglücklich werden? Ist bei so vielen Wundern durch kein Wunder meine Hand zu retten? Ihr Mann deutete nach der offenen Pforte und sagte: Siehe, der Tag bricht an, eile und bade dich im Flusse. — Welch ein Rat! rief sie, ich soll wohl ganz schwarz werden und ganz verschwinden, habe ich doch meine Schuld noch nicht bezahlt. — Gehe, sagte der Alte, und folge mir! Alle Schulden sind abgetragen.

Die Alte eilte weg, und in dem Augenblick erschien das Licht der aufgehenden Sonne an dem Kranze der Kuppel, der Alte trat zwischen den

Jüngling und die Jungfrau und rief mit lauter Stimme: Drei sind, die da herrschen auf Erden: die Weisheit, der Schein und die Gewalt. Bei dem ersten Worte stand der goldne König auf, bei dem zweiten der silberne, und bei dem dritten hatte sich der eherne langsam emporgehoben, als der zusammengesetzte König sich plötzlich ungeschickt niedersetzte.

Wer ihn sah, konnte sich, ungeachtet des feierlichen Augenblicks, kaum des Lachens enthalten, denn er saß nicht, er lag nicht, er lehnte sich nicht an, sondern er war unförmlich zusammengesunken.

Die Irrlichter, die sich bisher um ihn beschäftigt hatten, traten zur Seite; sie schienen, obgleich blaß beim Morgenlichte, doch wieder gut genährt und wohl bei Flammen; sie hatten auf eine geschickte Weise die goldnen Adern des kolossalen Bildes mit ihren spitzen Zungen bis aufs Innerste herausgeleckt. Die unregelmäßigen leeren Räume, die dadurch entstanden waren, erhielten sich eine Zeitlang offen und die Figur blieb in ihrer vorigen Gestalt. Als aber auch zuletzt die zartesten Äderchen aufgezehrt waren, brach auf einmal das Bild zusammen und leider gerade an den Stellen, die ganz bleiben, wenn der Mensch sich setzt; dagegen blieben die Gelenke, die sich hätten biegen sollen, steif. Wer nicht lachen konnte, mußte seine Augen wegwenden; das Mittelding zwischen Form und Klumpen war widerwärtig anzusehn.

Der Mann mit der Lampe führte nunmehr den schönen, aber immer noch starr vor sich hinblickenden Jüngling vom Altare herab und gerade auf den ehernen König los. Zu den Füßen des mächtigen Fürsten lag ein Schwert, in eherner Scheide. Der Jüngling gürtete sich. — Das Schwert an der Linken, die Rechte frei! rief der gewaltige König. Sie gingen darauf zum silbernen, der sein Zepter gegen den Jüngling neigte. Dieser ergriff es mit der linken Hand, und der König sagte mit gefälliger Stimme: Weide die Schafe! Als sie zum goldenen Könige kamen, drückte er mit väterlich segnender Gebärde dem Jüngling den Eichenkranz aufs Haupt und sprach: Erkenne das Höchste!

Der Alte hatte während dieses Umgangs den Jüngling genau bemerkt. Nach umgürtetem Schwert hob sich seine Brust, seine Arme regten sich und seine Füße traten fester auf; indem er das Zepter in die Hand nahm, schien sich die Kraft zu mildern und durch einen unaussprechlichen Reiz noch mächtiger zu werden; als aber der Eichenkranz seine Locken zierte, belebten sich seine Gesichtszüge, sein Auge glänzte von unaussprechlichem Geist, und das erste Wort seines Mundes war Lilie.

Liebe Lilie! rief er, als er ihr die silbernen Treppen hinauf entgegeneilte; denn sie hatte von der Zinne des Altars seiner Reise zugesehn: liebe Lilie! was kann der Mann, ausgestattet mit allem, sich Köstlicheres wünschen als die Unschuld und die stille Neigung, die mir dein Busen entgegenbringt? Oh! mein Freund, fuhr er fort, indem er sich zu dem Alten wendete und die drei heiligen Bildsäulen ansah, herrlich und sicher ist das Reich unserer Väter, aber du hast die vierte Kraft vergessen, die noch früher, allgemeiner, gewisser die Welt beherrscht, die Kraft der Liebe. Mit diesen Worten fiel er dem schönen Mädchen um den Hals; sie hatte den Schleier weggeworfen und ihre Wangen färbten sich mit der schönsten unvergänglichsten Röte.

Hierauf sagte der Alte lächelnd: Die Liebe herrscht nicht, aber sie bildet, und das ist mehr.

Über dieser Feierlichkeit, dem Glück, dem Entzücken hatte man nicht bemerkt, daß der Tag völlig angebrochen war, und nun fielen auf einmal durch die offne Pforte ganz unerwartete Gegenstände der Gesellschaft in die Augen. Ein großer mit Säulen umgebener Platz machte den Vorhof, an dessen Ende man eine lange und prächtige Brücke sah, die mit vielen Bogen über den Fluß hinüberreichte; sie war an beiden Seiten mit Säulengängen für die Wanderer bequem und prächtig eingerichtet, deren sich schon viele Tausende eingefunden hatten, und emsig hin- und widergingen. Der große Weg in der Mitte war von Herden und Maultieren, Reitern und Wagen belebt, die an beiden Seiten, ohne sich zu hindern, stromweise hin- und herflossen. Sie schienen sich alle über die Bequemlichkeit und Pracht zu verwundern, und der neue König mit seiner Gemahlin war über die Bewegung und das Leben dieses großen Volks so entzückt, als ihre wechselseitige Liebe sie glücklich machte.

Gedenke der Schlange in Ehren, sagte der Mann mit der Lampe, du bist ihr das Leben, deine Völker sind ihr die Brücke schuldig, wodurch diese nachbarlichen Ufer erst zu Ländern belebt und verbunden werden. Jene schwimmenden und leuchtenden Edelsteine, die Reste ihres aufgeopferten Körpers, sind die Grundpfeiler dieser herrlichen Brücke, auf ihnen hat sie sich selbst erbaut und wird sich selbst erhalten.

Man wollte eben die Aufklärung dieses wunderbaren Geheimnisses von ihm verlangen, als vier schöne Mädchen zu der Pforte des Tempels hereintraten. An der Harfe, dem Sonnenschirm und dem Feldstuhl erkannte man sogleich die Begleiterinnen Liliens, aber die vierte, schöner als die drei, war eine Unbekannte, die scherzend schwesterlich mit ihnen durch den Tempel eilte und die silbernen Stufen hinanstieg.

Wirst du mir künftig mehr glauben, liebes Weib? sagte der Mann mit der Lampe zu der Schönen: wohl dir und jedem Geschöpfe, das sich diesen Morgen im Flusse badet!

Die verjüngte und verschönerte Alte, von deren Bildung keine Spur mehr übrig war, umfaßte mit belebten jugendlichen Armen den Mann mit der Lampe, der ihre Liebkosungen mit Freundlichkeit aufnahm. Wenn ich dir zu alt bin, sagte er lächelnd, so darfst du heute einen andern Gatten wählen; von heute an ist keine Ehe gültig, die nicht aufs neue geschlossen wird.

Weißt du denn nicht, versetzte sie, daß auch du jünger geworden bist? — Es freut mich, wenn ich deinen jungen Augen als ein wackrer Jüngling erscheine; ich nehme deine Hand von neuem an und mag gern mit dir in das folgende Jahrtausend hinüberleben.

Die Königin bewillkommte ihre neue Freundin und stieg mit ihr und ihren übrigen Gespielinnen in den Altar hinab, indes der König in der Mitte der beiden Männer nach der Brücke hinsah und aufmerksam das Gewimmel des Volks betrachtete.

Aber nicht lange dauerte seine Zufriedenheit, denn er sah einen Gegenstand, der ihm einen Augenblick Verdruß erregte. Der große Riese, der sich von seinem Morgenschlaf noch nicht erholt zu haben schien, taumelte über die Brücke her und verursachte daselbst große Unordnung. Er war, wie gewöhnlich, schlaftrunken aufgestanden und gedachte sich in der bekannten Bucht des Flusses zu baden; anstatt derselben fand er festes Land und tappte auf dem breiten Pflaster der Brücke hin. Ob er nun gleich zwischen Menschen und Vieh auf das ungeschickteste hineintrat, so ward doch seine Gegenwart zwar von allen angestaunt, doch von niemand gefühlt; als ihm aber die Sonne in die Augen schien und er die Hände aufhub, sie auszuwischen, fuhr der Schatten seiner ungeheuren Fäuste hinter ihm so kräftig und ungeschickt unter der Menge hin und wider, daß Menschen und Tiere in großen Massen zusammenstürzten, beschädigt wurden und Gefahr liefen, in den Fluß geschleudert zu werden.

Der König, als er diese Untat erblickte, fuhr mit einer unwillkürlichen Bewegung nach dem Schwerte, doch besann er sich und blickte ruhig erst sein Zepter, dann die Lampe und das Ruder seiner Gefährten an. Ich errate deine Gedanken, sagte der Mann mit der Lampe, aber wir und unsere Kräfte sind gegen diesen Ohnmächtigen ohnmächtig. Sei ruhig! er schadet zum letztenmal, und glücklicherweise ist sein Schatten von uns abgekehrt.

Indessen war der Riese immer näher gekommen, hatte vor Verwunderung über das, was er mit offenen Augen sah, die Hände sinken lassen, tat keinen Schaden mehr, und trat gaffend in den Vorhof herein.

Gerade ging er auf die Türe des Tempels zu, als er auf einmal in der Mitte des Hofes an dem Boden festgehalten wurde. Er stand als eine kolossale mächtige Bildsäule von rötlich glänzendem Steine da, und sein Schatten zeigte die Stunden, die in einem Kreis auf dem Boden um ihn her, nicht in Zahlen, sondern in edlen und bedeutenden Bildern, eingelegt waren.

Nicht wenig erfreut war der König, den Schatten des Ungeheuers in nützlicher Richtung zu sehen; nicht wenig verwundert war die Königin, die, als sie mit größter Herrlichkeit geschmückt aus dem Altare mit ihren Jungfrauen heraufstieg, das seltsame Bild erblickte, das die Aussicht aus dem Tempel nach der Brücke fast zudeckte.

Indessen hatte sich das Volk dem Riesen nachgedrängt, da er stillstand, ihn umgeben und seine Verwandlung angestaunt. Von da wandte sich die Menge nach dem Tempel, den sie erst jetzt gewahr zu werden schien, und drängte sich nach der Tür.

In diesem Augenblick schwebte der Habicht mit dem Spiegel hoch über dem Dom, fing das Licht der Sonne auf und warf es über die auf dem Altar stehende Gruppe. Der König, die Königin und ihre Begleiter erschienen in dem dämmernden Gewölbe des Tempels von einem himmlischen Glanze erleuchtet, und das Volk fiel auf sein Angesicht. Als die Menge sich wieder erholt hatte und aufstand, war der König mit den Seinigen in den Altar hinabgestiegen, um durch verborgene Hallen nach seinem Palaste zu gehen, und das Volk zerstreute sich in dem Tempel, seine Neugierde zu befriedigen. Es betrachtete die drei aufrecht stehenden Könige mit Staunen und Ehrfurcht, aber es war desto begieriger zu wissen, was unter dem Teppiche in der vierten Nische für ein Klumpen verborgen sein möchte; denn, wer es auch mochte gewesen sein, wohlmeinende Bescheidenheit hatte eine prächtige Decke über den zusammengesunkenen König hingebreitet, die kein Auge zu durchdringen vermag und keine Hand wagen darf wegzuheben.

Das Volk hätte kein Ende seines Schauens und seiner Bewunderung gefunden, und die zudringende Menge hätte sich in dem Tempel selbst erdrückt, wäre ihre Aufmerksamkeit nicht wieder auf den großen Platz gelenkt worden.

Unvermutet fielen Goldstücke, wie aus der Luft, klingend auf die marmornen Platten, die nächsten Wanderer stürzten darüber her, um sich ihrer zu bemächtigen, einzeln wiederholte sich dies Wunder, und zwar bald hier und bald da. Man begreift wohl,

daß die abziehenden Irrlichter sich hier nochmals
eine Lust machten und das Gold aus den Gliedern
des zusammengesunkenen Königs auf eine lustige
Weise vergeudeten. Begierig lief das Volk noch eine
Zeitlang hin und wider, drängte und zerriß sich
auch noch, da keine Goldstücke mehr herabfielen.
Endlich verlief es sich allmählich, zog seine Straße,
und bis auf den heutigen Tag wimmelt die Brücke
von Wanderern, und der Tempel ist der besuchteste
auf der ganzen Erde.

NACHWORT

Die NOVELLE erschließt sich am schönsten, wenn das aufnehmende Gemüt einen Grad der Bewußtheit erreicht hat, der sich der Naivität wieder nähert.

Goethe hat die kleine, aber bedeutende Dichtung in wenigen Monaten von Oktober 1826 bis Anfang 1827 niedergeschrieben. Das Tagebuch enthält am 10. Oktober 1826 die Eintragung: „kleines Gedicht zum Abschluß der projektierten Novelle."

Zuerst entstand demnach das Lied, mit dem der Knabe den Löwen zähmt. Ernst Beutler hat in seiner Untersuchung *Ursprung und Gehalt von Goethes Novelle* (Deutsche Vierteljahrsschrift XVI, Seite 324—352) wahrscheinlich gemacht, daß dieses Lied oder vielmehr das, was in ihm in Erscheinung tritt, auf das Prosaepos *Daniel in der Löwengrube* von Friedrich Karl Ludwig von Moser und besonders zwei Titelblätter zurückgeht. Das Titelkupfer der 1763 erschienenen 1. Auflage zeigt in der Mitte eine Gruppe von zwei Löwen und einer Löwin, rechts unter einer Palme liegt Daniel, links steht ein Engel; von einer barocken Galerie, die den Schauplatz gleich einer Arena halbkreisförmig gegen den Hintergrund abschließt, blickt der König Darius mit ausgebreiteten Armen herab. Auf dem Titelblatt der 3. Auflage, die 1767 folgte, kniet Daniel betend zwischen drei Löwen und einem Tiger, dahinter steht, die Tiere beschwichtigend, ein kindlicher Engel. Moser, der verschiedene deutsche Fürsten in Frankfurt diplomatisch vertrat, war eng befreundet mit Susanna von Klettenberg. Goethe hat beide Auflagen sicher gleich nach dem Erscheinen kennengelernt; unter dem Eindruck der ersten verfaßte er einen *Joseph,* „der nichts zu tun als zu beten hat" und den er

1767 in Leipzig verbrennt. Gebetserhörungen spielten damals in pietistischen Kreisen eine große Rolle, und mehrere schöne Äußerungen Goethes hierüber sind aus jener Zeit überliefert.

Weiter wissen wir, daß Goethe 1797, nach der Vollendung von *Hermann und Dorothea*, den Plan zu einem Epos *Die Jagd* ziemlich weit vorangetrieben, ja schon ein Schema entwickelt hat, das aber verloren ist. Der Plan wird von Goethe und Schiller in ihren Briefen von April bis Juni 1797 in Andeutungen besprochen. Die Jagd geht auf „Löwen und Tiger" (hier Mehrzahl, Schiller am 26., Goethe am 27. Juni), die Jagenden sind eine vornehme Gesellschaft (Wilhelm von Humboldt an Caroline am 7. April 1797). Es werden „große Anstalten gemacht, denen dann die Entwicklung entgegengesetzt ist, auf einem unerwarteten, jedoch ganz natürlichen Weg" (Goethe an Schiller am 22. April 1797). Der Plan hat nichts Retardierendes (Goethe am 21. und 22. April 1797). Humboldt findet, daß die individuelle Handlung fehlt (Schiller an Goethe am 25. April 1797). Schiller fragt, ob sich der Stoff nicht eigentlich für eine Komödie eigne (25. April 1797), und Goethe fürchtet, daß das Interessante des neuen epischen Plans „in einen Reim- und Strophendunst in die Luft gehen" (22. Juni) oder sich in eine Ballade auflösen (27. Juni 1797) könnte, wobei, wie Beutler bemerkt, der lyrische Schluß, der Goethe besonders am Herzen lag, ebenso wie im Hexameter-Epos keinen Platz gefunden hätte. Am 28. April schreibt Goethe, daß er „eine besondere Liebe zu diesem Werk" empfinde, und hält das versprochene Schema zurück, da er „nie etwas fertig mache", wenn er den Plan der Arbeit „nur irgend vertraut oder jemandem offenbart" habe.

Was sagt das nun? Wir können so fragen: Was veranlaßt Goethe, ein Bild, ein Motiv, das seit der frühen Kindheit verborgen in ihm ruht, nun als Epos in Hexametern auszuführen? Oder: Was läßt Goethe, der einen Stoff für ein zweites klassisches Epos sucht, nach dem Bild oder Motiv der Errettung des von den wilden Tieren Bedrängten, der Überwindung, besser Versöhnung der Gewalt durch die im Gebet erflehte göttliche Gnade und Liebe greifen?

Da ist zunächst eine Möglichkeit der Ordnung zu nennen, die in dem Stoff liegt. Das Ziel der Freundschaft, die Goethe und Schiller verband, war, in einer kürzesten Formel, eine auf einer neu erlebten und errungenen Sittlichkeit beruhende Ordnung des Lebens der Menschen und der menschlichen Gemeinschaft. Die begründende Sittlichkeit selbst wird gewonnen durch die künstlerische Leistung der Form. Sittlich heißt, daß die Verhältnisse zwischen den Gestalten und zwischen jeder Gestalt und ihrem Schicksal stimmen, und in der Form sind die Individualität und das Allgemeine glücklich vereinigt. Aus der hohen Bedeutung, die so der Form zukommt, ist zu erklären, warum Goethe und Schiller sich so leidenschaftlich darum bemüht haben, das Wesen der Dichtungsgattungen — Drama, Epos, Ballade u. a. — zu erkennen und zu erfüllen. Im neuen Epos soll nun die bloße Gewalt durch eine höhere Macht, eben nicht durch die „großen Anstalten", gezähmt und dadurch Ordnung gestiftet werden. Die Löwen und Tiger sind bewußt Symbol.

In dem Gedanken, den Stoff als Ballade zu behandeln, kommt dann gerade das zum Vorschein, woran der epische Plan scheitert: Das Epos stellt eine mannigfaltige, aber in sich ruhende Welt dar, die sich gleichsam als Rahmen an und in einer individuellen Handlung entfaltet (vgl. oben Humboldt); also Ruhe des Ganzen bei Bewegung im Vordergründigen, was durch die Retardierungen erreicht wird. Umgekehrt erscheint im lyrischen Gedicht eine Bewegung, nämlich eine innere, seelische, als ewiger Augenblick.

Die Schwierigkeit, vor der Goethe stand, erscheint von

der einen Seite also ganz klar: Der Stoff hat nichts Episches (daher nichts Retardierendes), Goethe zielt aber auf das nach innen und außen richtig geordnete menschliche Leben. Auf der anderen Seite, darum vermeidet er die Ballade, bedarf die Darstellung der durch die göttliche Macht gewirkten Versöhnung eines realen Grundes, über den sie sich als ein ganz Anderes erheben kann. Diesen leistet aber die Ballade nicht hinreichend, da sie als Ganzes schon gesteigerter Ausdruck ist.

Zu diesen grundsätzlichen Bedenken fügt sich gut, daß wohl das Schwerelose, Schwebende wie auch das Überraschende des Stoffs Schiller an eine Komödie denken läßt. — Der Plan bleibt liegen, 30 Jahre später entsteht die *Novelle*.

Ins Auge springt die Entgegensetzung der realistischen Erzählung mit dem lyrischen Schluß. Sie ist das Ergebnis einer, ich möchte es so ausdrücken, sachlichen Klärung. Oder anders gesagt: die Dinge stehen nebeneinander zweckfrei da und erfüllen erst so ihren höheren Zweck. Die klassische Form ist gesprengt, sie ist auch nicht mehr wichtig. Die Einheit ist nicht mehr die gewollte der idealistischen Bemühung, sondern eine gegebene und angenommene. Im epischen Plan war die Versöhnung notwendig ein Glied der Entwicklung, anders wäre die Einheit nicht möglich gewesen. In der Ballade wäre umgekehrt das ganze Gedicht von der Stimmung erfüllt, die doch nur dem unerwarteten Schluß, aber nicht den vorangehenden „Anstalten", angemessen ist. In beiden Fällen wäre die Einheit nur dadurch erreicht worden, daß die eine der beiden Seiten des Stoffs, entweder die Transzendenz oder der Gehalt an Welt, aufgegeben wäre. Nun bleibt beides bestehen. Ja mehr, jedes bedarf des andern, um die Fülle seiner Wirklichkeit zu erlangen. Die ganz realistische Welt des Fürstenhofs, des bürgerlichen Gewerbes und der mannigfaltigen Beziehungen der Menschen untereinander — sie bleibt wirklich diesseitige

Welt — wird anders dadurch, daß an einer Stelle das Wunder geschieht. Das kommt darin zum Ausdruck, daß nun die individuelle Handlung möglich wird, in der sich das Höhere nur spiegelt, die Liebe Honorios zur Fürstin, sein Verzicht und Aufbruch. Und auch das göttliche Wirken, die Errettung des Bedrohten, wird anders dadurch, daß es nun in die Welt hineinstrahlen kann. Das drückt sich in dem schönen Bild des verletzten Löwen aus, dem der Knabe den Dorn aus dem Ballen zieht und die „greuliche Tatze" verbindet. Aus dem bloßen Symbol von 1797 ist ein Geschehen eigener Wirklichkeit geworden, das erst als solche wieder Symbol wird. So durchdringen sich die beiden Sphären, ohne sich zu vermischen oder aufzuheben.

Das ist Goethe weit jenseits der psychologisch gebundenen frühen Werke und der idealistisch gesetzten Selbst- und Weltüberwindung. Es ist der Goethe des 2. Teils des *Faust,* der *Wanderjahre,* des *West-östlichen Divan,* dem Ursprung — Emil Staiger erweist in *Goethe III* die Bedeutung des Orients in der *Novelle* —, der Kindheit wieder nah, aus der das christliche Bild — Glaube, Hoffnung, Liebe — stammt, und der nun Höchstes spielend sagen darf, ohne es zu zerbrechen:

> „Aus den Gruben, hier im Graben
> Hör ich den Propheten Sang;
> Engel schweben, ihn zu laben,
> Wäre da dem Guten bang?
> Löw' und Löwin, hin und wider,
> Schmiegen sich um ihn heran;
> Ja, die sanften frommen Lieder
> Haben's ihnen angetan!

Eindringlich aber ganz besonders war, daß das Kind die Zeilen der Strophe nunmehr zu anderer Ordnung durcheinander schob und dadurch, wo nicht einen neuen Sinn hervorbrachte, doch das Gefühl in und durch sich selbst aufregend erhöhte.

Engel schweben auf und nieder
Uns in Tönen zu erlaben,
Welch ein himmlischer Gesang!
In den Gruben, in dem Graben
Wäre da dem Kinde bang?
Diese sanften frommen Lieder
Lassen Unglück nicht heran:
Engel schweben hin und wider
Und so ist es schon getan."

Erwähnt sei, daß Goethe im Gespräch mit Eckermann dem fertigen Werk den Namen gibt (am 29. Jan. 1827) und bei dieser Gelegenheit seine bekannte Definition der Novelle ausspricht, sie sei „eine sich ereignete, unerhörte Begebenheit".

Goethe hat selbst in den Gesprächen mit Eckermann einige Hinweise für das Verständnis der *Novelle* gegeben, deren wichtigsten wir noch hierher setzen wollen (am 18. Jan. 1827): „Um für den Gang dieser Novelle ein Gleichnis zu haben", fuhr Goethe fort, „so denken Sie sich aus der Wurzel hervorschießend ein grünes Gewächs, das eine Weile aus einem starken Stengel kräftige grüne Blätter nach den Seiten austreibt und zuletzt mit einer Blume endet. — Die Blume war unerwartet, überraschend, aber sie mußte kommen; ja das grüne Blätterwerk war nur für sie da und wäre ohne sie nicht der Mühe wert gewesen."

DAS MÄRCHEN bildet den Schluß der *Unterhaltungen deutscher Ausgewanderten*, die Goethe neben der Arbeit an *Wilhelm Meisters Lehrjahren* und neben seinen naturwissenschaftlichen Studien 1794/95 für Schillers *Horen* schrieb. Es entstand im August und September 1795 und wurde bereits im Oktober gedruckt. Hier kann nicht versucht werden, den zahlreichen Deutungsversuchen einen weiteren hinzuzufügen. Eine sichere Deutung ist wohl auch nicht möglich, sie soll vielleicht nicht möglich sein. So beschränken wir uns darauf, zu referieren.

1. Die *Unterhaltungen deutscher Ausgewanderten* sind ein Zyklus von sieben Novellen oder Erzählungen, zusammengehalten durch eine Rahmenhandlung und im einzelnen verbunden durch Gespräche, z. T. über die gegenwärtige traurige Lage — die Gesellschaft war im Jahr 1793 durch die französische Revolutionsarmee aus ihren Wohnungen links des Rheins vertrieben —, und zum anderen, nach einer Verabredung, alle Unterhaltungen über das „Interesse des Tages" zu verbannen, über seltsame Begebenheiten, die Kunst des Erzählens, über Moral und moralische Erziehung und über das Wunderbare und Märchenhafte; Gespräche, die sich jeweils auf die vorgetragenen Novellen beziehen.

Diese stehen am Beginn der deutschen Novellen-Dichtung und gehen zum größeren Teil auf italienische und französische Vorlagen zurück, die Goethe bearbeitete und stellenweise auch übertrug. So die Geschichten von der schönen Krämerin und vom Schleier (neu aufgegriffen von Hofmannsthal und Emil Strauß) auf die Memoiren des Marschalls Bassompierre und der Prokurator auf die *Cent Nouvelles nouvelles* des 15. Jahrhunderts. Die Geschichte von Ferdinands Schuld und Wandel ist von Goethe erfunden, wie das *Märchen*.

2. „Es war freilich eine schwere Aufgabe, zugleich bedeutend und deutungslos zu sein." (Goethe an Humboldt, am 27. Mai 1796). Niemand mag sich also über die widersprüchlichen Erklärungen wundern. Daß Goethe das kleine, *Märchen* genannte Werk jedoch durchaus nicht als bloßes Spiel der Phantasie verstanden wissen wollte, zeigen einige Sätze eines anderen Briefes (am 21. Dezember 1795 an den Prinzen von Gotha): „Ich finde in der belobten Schrift, welche nur ein so frevelhaftes Zeitalter als das unsrige für ein Märchen ausgeben

kann, alle Kennzeichen einer Weissagung . . . denn man sieht offenbar, daß sie sich auf das Vergangene wie auf das Gegenwärtige und Zukünftige bezieht . . . wie Ihro Durchlaucht aus meiner Auslegung sehen werden, die ich aber nicht eher herauszugeben gedenke, als bis ich 99 Vorgänger vor mir sehen werde."

Die Zeitgenossen bewunderten vor allem das Spiel der Phantasie, die Leichtigkeit des Erzählens. Spätere Deutungen des Märchens reichen von Rudolf Steiner, der in ihm das Reifen des Menschen vom Sinnlichen zum Übersinnlichen sieht, und Paul Stöcklein, dem es die symbolische Darstellung der Lebensmitte, des Eintretens ins Mannesalter ist, bis zu Erklärungen, die hier die Entwicklung der Welt, der Natur und des Menschengeschlechts, bis hin zu einem eschatologischen Verständnis, dargestellt finden. Hofmannsthal: Im *Märchen* seien „die Elemente des Daseins tiefsinnig spielend nebeneinander gebracht" und klinge „die Harmonie aller irdischen Wesen und aller Himmelskräfte an". Kurt Hildebrandt: Goethe wolle in der heillosen politischen Verwirrung seiner Tage dem denkenden Menschen Hinweise auf die ewigen Lebensgesetze geben: Idee und wirkliches Leben seien getrennt beide kraftlos — der Riß im Wesen der Welt; sei aber die Brücke gebaut, so vollende sich die Verjüngung des Menschen, des Volkes, der Natur. Wilhelm Emrich: Über die „fast unüberbrückbare Kluft zwischen Natur und Kunst werde die sehnsüchtig erwünschte Brücke wiederhergestellt", und es sei „ein ganzer Weltbildungs- und -verwandlungsprozeß bis zum Durchbruch eines tausendjährigen Friedensreiches dargestellt, dessen hymnisch-religiöse Weihe dem *Faust-II*-Schluß nahesteht". Emil Staiger, in seinem *Goethe,* und Erich Trunz in seinen schönen Anmerkungen (Hamburger Ausgabe, Band VI, 1951, die weiteres und ausführlicheres Material bietet) verzichten auf eine Interpretation.

3. Goethe schreibt an Schiller, am 17. August 1795:

„Das Märchen. Ich würde die *„Unterhaltungen"* damit schließen, und es würde vielleicht nicht übel sein, wenn sie durch ein Produkt der Einbildungskraft gleichsam ins Unendliche ausliefen."

Am 26. September 1795: „Wie ernsthaft jede Kleinigkeit wird, sobald man sie kunstmäßig behandelt, hab ich auch diesmal wieder erfahren. Ich hoffe, die 18 Figuren dieses Dramatis sollen, als soviel Rätsel, dem Rätselliebenden willkommen sein."

An Humboldt, am 27. Mai 1796, das Märchen sei symbolisch, nicht allegorisch aufzufassen. An Carlyle, am 6. Juni 1830, es sei ein „Kunststück, das zum zweiten Male schwerlich gelingen würde".

Friedrich Wilhelm Riemer notiert am 21. März 1809: „. . . äußerte Goethe . . . es fühlt ein jeder, daß noch etwas drinsteckt, er weiß nur nicht, was."

Schiller an Goethe, am 29. August 1795: „. . . und ich finde die Idee, deren Sie einmal erwähnten, das gegenseitige Hülfeleisten der Kräfte und das Zurückweisen aufeinander, recht artig ausgeführt."

Xenion von Goethe und Schiller, 1796:
Mehr als zwanzig Personen sind in dem Märchen
                              geschäftig.
Nun, und was machen sie denn alle? Das Märchen,
                              mein Freund.

Ernst von Reusner

Johann Wolfgang Goethe

IN RECLAMS UNIVERSAL-BIBLIOTHEK

PHILIPP RECLAM JUN. STUTTGART